Schopenhauer,

论充足根据律的四重根

—— 一篇哲学论文

〔德〕阿图尔·叔本华 著 韦启昌 译

上海人民出版社

《论充足根据律的四重根》是德国哲学家阿图尔·叔本华（1788—1860）在 1813 年撰写的博士论文，于同年正式出版。这是一部认识论的名著，是"一套有关全部认知能力的纲要式理论"。

叔本华本来是要在柏林撰写此论文并提交给他两年前入读的柏林大学以获得哲学博士学位。但在 1813 年 1 月，在俄国遭受了大败的相当一部分法国军队涌进了柏林。医院塞满了伤员和病人，瘟疫的风险在持续增加。因此，叔本华离开了柏林，来到了魏玛附近的小城鲁多尔施塔特。从 1813 年 6 月到 9 月，叔本华就在这里的一个旅馆撰写此论文。最终，由于战乱，叔本华将此论文寄给了邻近的耶拿大学，而不是原定的柏林大学。在所附带的一封用拉丁文写的致耶拿大学哲学系主任的信件中，年轻的叔本华的语气与年长以后的叔本华那典型的斩钉截铁、不容置疑的口吻是相当不同的。在此信中，叔本华恳请耶拿大学"具洞察力"的相关人员指出他的任何表述不清、不真、离题，甚至让人感到冒犯之处，因为他认为，在哲学问题上，只"信赖自己的判断"是不智的。耶拿大学的哲学系主任让相关人等传阅这封信。另外，人们也不知从何渠道知道了这论文作者是著名女作家、枢密顾问（Hofratin）约翰娜·叔本华的儿子。 这年 10 月份，叔本华以此论文获得了哲学博士学位，且得到了"极优等荣誉"。 叔本华随即安排将这论文在 10 月底出版，印刷了 500本。 但这著作却不幸只得到了寥寥可数的 3 个评论。

叔本华在 30 多年以后的 1847 年，要求出版商再度出版这部他认定非常重要的著作，因为这篇论文后来"成了我的整个体系的基础，所以，这书不应该在书市中缺货"。

此书所讨论的充足根据律，是认知的一条首要原则。 叔本华认为充足根据律，表达了我们先验就有的多个认知方式，简而言之，引用沃尔夫的这一句话来表达，那就是："任何一样东西是这样的而不是那样的，都不会是没有根据或原因的。"

所以，这根据律是如此的重要——引用叔本华简明、精辟的话语——"人们应该称呼其为一切科学的基础。 科学的意思就是知识的一个体系，亦即互相联系的知识构成了一个整体，与只是将知识集合在一起相反。 但将一个体系的各个环节联系起来的，除了充足根据律以外，还有什么别的呢？ 让每一种科学明显有别于只是知识的集合的，正是科学的知识，是一个知识从另一个作为其根据的知识中作为结论得出来的。 所以，柏拉图已经说了，'就算是正确的看法，如果不曾有人用说出理据的思维将之连结起来，也是没有多大价值的。'（柏拉图，《美诺篇》，第 385 页。）再者，几乎所有的科学都包含了有关原因决定了结果的知识和同样其他的有关结果出自原因的必然性的知识，就正如在我们进一步的考察中将会看到的。 这也由亚里士多德以这样的话表达了出来，'一切理论性的知识，或者与理论性东西有关的知识，都是关于根据和原理的。'（《形而上学》，5，1）那么，既然这被我们总是先验作出的假定——即一切都有其根据——让我们有合理理由到处都问个为什么，那我们就可以把这'为什么'名为一切科学之母。"

虽然充足根据律如此重要，但"人们却忽略了区分充足根据律的极为不同的应用，而在其每一个不同的应用中，这根据律都有着某一另外的意义，这不同的应用也因此透露出根据律源出于不同的认知能力"。因此，叔本华在讨论中就至为重要的我们的认知源头，给出了异常精彩的论述。

此外，对这样一个有关一切知识的首要原则，肯定是很早以前就已经有了多多少少被精确界定的抽象说法。叔本华在文中对这原则的源头、其中的分类和含义做了梳理；但更重要的是：叔本华借此阐述了根据律所分为的四个形式的性质、定义和应用范围：形成（或说变易）的根据律、认知的根据律、存在的根据律和意欲、动因的根据律。而讨论这些的同时，当然就涉及了认知意识所分为的主体、客体，然后是表象、因果性概念、因果性概念的智力和先验性质、经验客体和抽象客体、概念、认知的根据律（而这又涉及逻辑的真理、经验的真理、超验的真理和超逻辑的真理）、理性、时间、空间、接续性、必然性、一切科学的指南和引线等等。

因为这部著作讨论和阐述了认识论中的多个最基本方面，所以，就不难理解叔本华对本著作的重视。事实上，在那几年以后出版的叔本华的主要哲学著作《作为意欲和表象的世界》第 1 卷中，叔本华就申明了阅读的一个前提要求就是："在阅读这本书之前，先阅读这本书的入门，尽管这入门并没有包含在这本书里面，而是在这五年前就出版了，题目是《论充足根据律的四重根》。假如不熟悉这入门和引论，那要真正地理解这部著作是完全不可能的，而上述那篇论文的内容在此在任何情况下都是预先假设了的前提，就好像这入门与这本书已是连在了一起似的。此外，假如这论文不是在这部著作之前的好几年已经出版，那它就不会是这部书的入门了，而是就会被纳入这本书的第一篇里面。"

当然，此刻的版本，与1813年的最初版本是有区别的，因为叔本华对此做了些微的修改和不少的补充，原因就是"把这样的一部年轻时期的作品，再一次连同其所有的瑕疵与缺陷呈现给世人，在我看来是不负责任的做法"。

关于叔本华所做的修改或补充，他是这样说的：

> 我打定主意要宽容对待年轻时的自己，尽可能地让其发话和畅所欲言。不过，在他说出不正确的或者多余的话，甚至在忽略了最精彩之处时，我就不得不打断他，而这是经常发生的事情，以致不少人或许会获得这样的印象：就好像一个老人正在朗读一个年轻人写的书，但这老人不时地放下这书，跳出话题之外发表其长篇大论。
>
> 以这样的方式和经过如此长时间以后做出修正的著作，是永远无法获得那种统一性和圆润性的，而这些也只属于那些一气呵成的著作。甚至在其文体和陈述中，就已可感觉到那种显而易见的差别，以致老练、有触觉的读者肯定不会不清楚听到的是老者在说话，抑或年轻人在发言。当然了，充满信任地陈述他所探讨的问题的年轻人，其柔和、简朴的语气与那老者坚定的但却不时夹杂着沙哑的声音，两者之间有着相当的距离。

本书除了可被视为叔本华主要著作的引论和导言以外，诚如叔本华所言："想要在一切哲学思考和论辩的基本概念中认清方向、扎下根子和清楚明白的话，那就能够从这页数不多的小书中，学习到一些扎实、有用和真确的东西，这是我所希望的。 在这本书的不少部分现在得到了一番整理和制定样式以后，这本书也已变成了一套有关全部认知能力的纲要式理论。"

本译本根据莱比锡 Insel 出版社《叔本华全集》5 卷本（威廉·恩斯特大公版本，1920）第 3 卷翻译。 原文中的拉丁文、希腊文、法文、意大利文等引语都没有附上相应的德文译文（英文的除外）。 其中的法文和英文引文，译者直接根据其原文译出，但其他语言的引文，则根据德国 Suhrkamp 出版社的《叔本华全集》（1998 年）中所附的权威德文译文翻译。

韦启昌

2025 年 3 月 23 日

于澳大利亚悉尼

目录

这篇讨论基础哲学的论文，最初是在 1813 年出版的，我以此获得了博士学位。 这篇论文后来成了我的整个体系的基础。 所以，这本书不应该在书市中缺货，但现在这四年却正是这样的情形，而我则对此并不知情。

然而，把这样的一部年轻时期的作品，再一次连同其所有的瑕疵与缺陷呈现给世人，在我看来是不负责任的做法。 这是因为我想到我再也无法抽出更多校正的时间，离我已经不会是非常遥远了，但到了那时候，我真正发挥作用的时期才刚开始，而我相信，这个时期将会是长远的，因为我对塞涅卡的这一预言深信不疑："虽然嫉妒让与你一起活着的人保持沉默，但不带好恶的评判者一定会到来。"因此，我已是尽我所能地改进这部年轻时代的作品；并且，考虑到生命的短暂和不确定性，我必须将被赐予机会在 60 岁的年龄校正我在 26 岁时写的东西视为一大好运。

尽管如此，我却打定主意要宽容对待年轻时候的自己，尽可能地让其发话和畅所欲言。 不过，在他说出不正确的或者多余的话，甚至在忽略了最精彩之处时，我就不得不打断他，而这是经常发生的事情，以致不少人或许会获得这样的印象：就好像一个老人正在朗读一个年轻人写的书，但这老人不时地放下这书，跳出话题之外发表长篇大论。

人们轻易就可预见到：以这样的方式和经过如此长时间以后做出修正的著作，是永远无法获得那种统一性和圆润性的，而这些也只属于那些一气呵成的著作。 甚至在其文体和陈述，就已可感觉到那种显而易见的差别，以致老练、有触觉的读者肯定不会不清楚听到的是老者在说话，抑或年轻人在发言。 当然了，充满信任地陈述他所探讨的问题的年轻人，其柔和、简朴的语气与那老者坚定的但却不时夹杂着沙哑的声音，两者之间有着相当的距离，因为这年轻人仍是天真幼稚的，满以为从事哲学的所有人，都会是别无他顾、就只关注着真理，因此，谁只要是促进了真理，就会受到他们的欢迎；而那老者则最终必然弄清楚了他所遇到的、由生意人和由只顾看眼色的恭顺仆人所组成的是个什么样的高贵团体，这些人所真正眼盯着的又是什么。 确实，假如现在这老者不时地从所有毛孔中都流露出愤慨，那公正的读者是不会责怪他的；难道事情的结果还没有教育人们：假如人们是口头上挂着追求真理，眼睛却总是只盯着最高上司的意图，得到的会是什么样的结果？ 而假如在这同时，在另一方面，那"任何木头都可以刻出神祇"的说法也扩展至伟大的哲学家，据此，一个像黑格尔的笨拙的江湖骗子可以心安理得地被打上伟大哲学家的印记。 也就是说，德国哲学现在就饱受鄙视，被外国人讽刺嘲笑，被正直的学术界所排挤——那就像一个娼妇，为了少得可怜的肉金，昨天卖身给这一个人，今天又卖身给那一个人。 而今天的一代学术中人，头脑已被黑格尔的那些胡说八道搞得混乱不堪，再也没有能力进行思考，粗糙和麻木的他们就成了肤浅平庸的唯物主义的猎物，而这唯物主义是从那看人一眼即置人于死地的蛇妖的蛋中爬出来的。 他们好自为之吧！ 我还是回到我的正题。

那就是说，对于语气的不相一致，读者可以此安慰自己：因为我在此并不可以像对我的主要著作所做的那样附上分开的、后来加上去的增补；这关键的并不在于人们知道哪些是我在 26 岁、哪些是在 60 岁所写，关键的只是：想要在一切   13 哲学思考和论辩的基本概念中认清方向、扎下根子和清楚明白的话，那就能够从这页数不多的小书中，学习到一些扎实、有用和真确的东西，这是我所希望的。在这本书的不少部分现在得到了一番整理和制定样式以后，这本书也已变成了一套有关全部认知能力的纲要式理论，而这套理论，由于其始终只是探究根据律，所以就从一个新的和独特的一面展示了这讨论的议题，然后却通过《作为意欲和表象的世界》第 1 卷和第 2 卷的相关章节和通过《康德哲学批判》得到增补。

缅因河畔法兰克福，1847 年 9 月

他在我们的思想里植入了四进制，

那是永远流畅的创造的根源。

——毕达哥拉斯的誓言方式，塞克斯都·

恩披里柯，《反数学家》4，2

第一章 引 论

§1 方法

　　神一样的柏拉图和令人惊叹的康德都同声强调和推荐一条规则作为一切哲学探讨，甚至一切学问研究的方法。[1]他们说，我们要以同样的方式遵守两条法则，同质性法则和差异性法则，而不能偏向于其中一条而忽略了另一条。同质性法则吩咐我们通过注意事物的相似性和一致性来把握事物的种，将这种以同样的方式结合为属，将这属结合为类，直到我们最终达致最高的、将一切包含其中的概念。由于这些法则是先验的，是为我们的理性所特有的，所以，这些法则就假定了大自然是与这些法则和谐一致的，而这样的假定就由这古老的规定表达了出来："不要没有必要地增加实体的数目。"至于差异性法则，康德是这样表达的："不要没有必要地减少实体的数目。"也就是说，这要求我们将在一个包含众多的类概念之下的各个属和再度将在属的概念之下的各个种——无论是高级的还是低级的——区别清楚，注意不要做出某一跳

---

[1] 柏拉图，《斐莱布篇》，第 219—223 页；《政治家篇》，第 62—63 页；《费德鲁斯篇》，第 361—363 页；比蓬蒂尼版。康德，《纯粹理性批判》中的"先验辩证论的附录"。

跃，把更低一级的或者尤其是把个体直接纳入类的概念之下；因为每一个概念也还可以分为更低一级的概念，甚至没有任何概念降低为仅仅只是直观。 康德教导说：这两个法则是理性的先验的原则，先验就认定事物与这些法则是协调一致的，柏拉图似乎也以其方式表达了同样的意思，因为他说了，这些规则让一切科学得以形成，与普罗米修斯的火一样，是从神座上扔给我们的礼物。

¹⁸ §2　这一方法在现有情形的应用

我发现这第 2 条法则，尽管受到强力的推荐，却甚少应用在一切认知的一条首要原则那里，亦即应用在充足根据律那里。 也就是说，尽管人们长时间以来和常常泛泛地制定和列出这一根据律，但是，人们却忽略了区分其极为不同的应用，而在其每一个不同的应用中，这根据律都有着某一另外的意义，这不同的应用也因此透露出根据律源出于不同的认知能力。 恰恰是在考察我们的精神思想力时，应用同质性法则而忽略了与其相对立的差异性法则造成了许多维持长久的谬误；在另一方面，应用差异性法则导致了最伟大的和最重要的进步——这一点，是比较康德哲学与其之前所有的哲学所教导我们的。 所以，请允许我引用康德的一段话——在此，康德推荐将差异性法则应用在我们认知的源头——因为这段话肯定了我现在所作的努力。"极其重要的是：将那些知识，依照其种类和起源区分开来，小心不要与在惯常应用中连在一起的其他知识汇合成一个混合体。化学家在分离物质和数学家在其纯粹数学中所做的，哲学家更有义务要去做，以便能够可靠地确定某一特别的认知在其漫步般的理解力应用中的参与和作用，及其自身的价值和影响。"（《纯粹理性批判》，先验方法论，3，主要章节）

§3 这一探究的用处

假如我成功指出那成了我们这探究的话题的根本原则，并非直接出自我们精神思想的一种基本认知，而是首要出自多种不同的基本认知，那由此就可得出结论：这根本原则作为某一先验确定的原则所带来的必然性，同样不是一种在任何情况下都是同一种的必然性，而恰恰也是一种同样多样的必然性，就正如那原则的源头本身。但每一个人，如果想要基于此原则得出一个结论，那他就有义务精确界定那支撑他的结论的，是构成了根据律基础的不同的必然性中的哪一种，并用一个特有的名称（正如我将要提议的）标示出来。我希望这样做，会有助于哲学探究中的清晰性和明确性，因为我认为对每一个用语含义的精确界定所导致的最大可能的明白易懂，对哲学来说是必不可少的要求，目的就是要防止谬误和故意的欺骗，将在哲学领域中所取得的每一个知识都变成更加安全的财产，而不会由于这之后所揭发的误解或者歧义而让这所得到的再度从我们手中失去。总之，真正的哲学家在任何情况下都会追求明亮和清晰，总是争取就像一个瑞士湖泊：其深邃由于其宁静而非常清

19

澈，也只有这清澈才让那深邃显现出来；而不是像一条混浊、湍急的雨溪。"清晰是哲学家的诚信所在"，伏维纳古说。 但假冒哲学家则并不就像塔列朗的格言所说的用字词掩饰自己的思想，而是相反，是用字词去掩盖自己缺乏思想，并且将由于自己思想不清楚而造成人们无法理解其哲学观点和论题委过于读者。 由此解释了为什么在某些著作里，例如在谢林的著作里，那种教学的语调会如此频繁地转为责怪的口吻，甚至常常事先就责怪读者、预计他们是没有能力理解的。

§4 充足根据律的重要性

这重要性是极其巨大的，因为人们应该称呼其为一切科学的基础。

科学的意思就是知识的一个体系，亦即互相联系的知识构成了一个整体，与只是将知识集合在一起相反。 但将一个体系的各个环节联系起来的，除了充足根据律以外，还有什么别的呢？ 让每一种科学明显有别于只是知识的集合的，正是科学的知识，是一个知识从另一个作为其根据的知识中作为结论得出来的。 所以，柏拉图已经说了："就算是正确的看法，如果不曾有人用说出理据的思维将之连结起来，也是没有多大价值的。"（柏拉图，《美诺篇》，第 385 页，比蓬蒂尼版。）再者，几乎所有的科学都包含了有关原因决定了结果的知识和同样其他的有关结果出自原因的必然性的知识，就正如在我们进一步的考察中将会看到的。这也由亚里士多德以这样的话表达了出来："一切理论性的知识，或者

与理论性有关的知识，都是关于根据和原理的。"（《形而上学》，5，1）
那么，既然这被我们总是先验作出的假定——即一切都有其根据——让
我们有合理理由到处都问个为什么，那我们就可以把这"为什么"名为
一切科学之母。

§5　这根据律本身

接下来，我们将说明充足根据律是对多个先验给予的认知的共同表
达。 顺便一说，这根据律必须以某一简明语句说出来。 我选择了沃尔
夫的这一句话作为最普遍的表达："任何一样东西是这样的而不是那样
的，都不会是没有根据或原因的。"没有什么东西或事情是没有根
据的。

第二章 至今有关充足根据律最主要的观点的概述

§6 根据律的首次提出和对其两种含义的区分

对这样一个有关一切知识的首要原则，肯定是很早以前就已经有了多多少少被精确界定的抽象说法；所以，要证明这样的抽象说法最先在哪里出现是困难的，同时，人们也不会对此有多大的兴趣。柏拉图和亚里士多德都没有正式地将其作为一个首要原则提出来，但却常常把这作为不言自明的真理说了出来。于是，柏拉图带着那种天真单纯说了——这种天真单纯与当代的那种批判性探究相比就好像是纯洁无邪与认识到了善与恶相比——"每一样事情的发生，都必然是透过一个原因而发生的。"（《斐莱布篇》，第 240 页，比蓬蒂尼版），还有在《蒂迈欧篇》（第 302 页）所说："一切所发生的事情，都必然是由于一个原因而发生的，否则的话，这事情怎么会发生？"普卢塔克在《论命运》的结尾，提及被纳入为斯多葛派的基本定律的这一句话："最重要的和最根本的原则就是没有任何事情是没有原因就可发生，一切都是根据其之前的原因而发生的。"

亚里士多德在《后分析篇》1，2 中用这些话在某种程度上提出了根据律："如果我们认为理解了事物之所以存在的原因，亦即那真正的原因——要不是这一原因，事物是不可能存在的——那我们就会认为我们完全明白了这事物。"在《形而上学》，4，第 1 章，亚里士多德已经对不同种类的根据、原因，或者毋宁说 αίτίας（原理、原则），作了划分，而他认为这要分为八类。 这划分却既不透彻，也不够清晰。 但他这方面所说的却是完全正确的："所有原理都共有这一点：它们是首要的东西，只有通过它们，事物才得以存在或者得以理解。"在接下来的一章，他划分了不同种类的原因，虽然与此同时带着某些浮浅和含混不清。 在《后分析篇》2，11 中，他比在这里更好地提出了四种原因："这有四种原因：第一种是构成了事物本质的东西；第二种是假如一样事物得以存在的话，那就必然被设想为其根据的东西；第三种是第一次推动一样事物活动起来的东西；第四种是这事物存在的目的。"那么，这就是经院哲学家所普遍接受的将原因划分为物质的原因、形式的原因、动力的原因和目的原因的起源，正如从苏亚雷斯的《形而上学的辩论》，第 12 篇辩论，第 2 和第 3 部分——这真正的经院哲学集大成者——所看到的。甚至霍布斯（《论身体》，第 2 部分，第 10 章，§7）也对此引用和解释。在亚里士多德的著作里，还可找到甚至更详细和更清晰的这种划分，亦即在《形而上学》1，3。 另在《论睡与醒》第 2 章，也简短地提到过这划分。 至于那极其重要的认知根据和原因的区别，亚里士多德虽然在某种程度上透露出有关这问题的某种想法，因为他在《后分析篇》1，23 详细讨论过了：某样东西是存在的知识和证明，与某样东西为什么存在的知识和证明，是大有区别的：他所展现的后者，就是有关原因的知识；所展现的前者，则是有关认知根据的知识——但是，他却并没有清晰地意识到其中的区别，否则的话，他就会在他的其他著作中坚持这种区别。但实际情形根本不是这样，因为甚至在他企图区分不同种类的根据之处，正如在上面所印证的段落那样，他也没再想起在此章中所提到的、如此重要的区别。此外，对于每一个根据，不管其属于哪一种类，他都一贯用上 αἰτίας 一词，甚至非常频繁地将一个逻辑推论的前提也称为 αἰτίας，例如，在《形而上学》4，18；《修辞学》2，21；《论植物》1，第 816 页（柏林版），尤其是在《后分析篇》1，2，一个逻辑推论的前提被直接称为"结论的根据或原因"。但假如有人用同一个词标示两个类似的概念，那就是一个迹象，显示这人对这两个概念的区别是不知道的，或者还没确定的，因为描述两样很不相同的事物的偶然的同音同形的异义词，标示着相当不同的事情。在他的《辩谬篇》第 5 章中，他所描述的"将不是原因当作是原因并以此进行推论"的诡辩则将这一错误表现得至为显眼。他所用的 αἴτιον，指的完全就只是"论据""前提"，亦即认知根据，因为这所描述的诡辩就在于以正确的方式证明了某样东西是不可能的，但那某样东西却是与所争论的命题不相干的。人们却声称以此推翻那一命题了。也就是说，在这事情上，所讨论的并不是物理学的原因。只不过，使用 αἰτίας 一词对现代的逻辑学家们具有如此的分量，以致他们在叙述"不只是因为文字而起的谬误"的时候只是固守这一词，并将"基于不是原因的原因而引起的谬误"通常解释为对一个物理学原因的陈述，所以，例如，莱玛鲁斯、G.E.舒尔策、费

23

里斯和所有我所见过的人也是这样做的：只是在特维斯吞（Twesten）的《逻辑学》中，我才找到有关这诡辩的准确描述。在其他的科学著作和辩论中，一般来说，"基于不是原因的原因而引起的谬误"的指控，标示着插入了一个错误的原因。

塞克斯都·恩披里柯也给我们提供了一个有力的例子，说明古人普遍混淆了认知根据的逻辑法则与原因和结果的先验大自然法则。也就是说，在《反数学家》第9部，亦即在《反物理学家》§204，他企图去证明因果法则，并且说："谁要是宣称不存在原因（αἰτία），那他就要么并不是出于任何原因而作这样的宣称，要么他就是有着某一原因这样做。如果是前者，那他的宣称并不比与这宣称相反的说法更加的真实；如果是后者，他就正好通过他的宣称而肯定了这宣称是有其原因的。"

我们因而看到古人还没有能够将需要一个认知根据才得以成立一个判断，与需要一个原因才导致一件事情的真实发生区分清楚。至于在这之后的经院派哲学家，因果法则对他们就是一条超越任何探究的公理："我们并不探究这某样东西是否有一个原因，因为没有什么是比这更加确切的了。"苏阿雷斯（《形而上学的辩论》12，第1节）说。与此同时，他们固守上面所引的亚里士多德对原因的划分，而现在所讨论的必不可少的划分，就我所知，还不曾进入他们的意识。

§7 笛卡尔

我们发现，甚至我们杰出的笛卡尔，那发起对主体考察的人和因此而成为现代哲学之父，在这方面也是纠缠在几乎难以解释的混淆之中，并且马上就会看到这些混淆在形而上学中会导致多么严重的和令人痛惜的后果。笛卡尔在《第一哲学沉思录》的"著者对第二组反驳的答辩"的第一定律中说："对所存在的东西，没有什么是不可以询问其出自什么原因。这是因为甚至对上帝也可以作这样的询问，并不是需要什么样的原因，上帝才会存在，而是恰恰因为那原因或说根据的本质是无限的，所以，上帝要存在的话，是不需要任何原因的。"他本应该这样说："上帝的难以测量性就是一个认知根据，由此可得出结论：上帝是不需要任何原因的。"但笛卡尔混淆了两者，而我们看到他并不是清晰意识到原因与认知根据的区别的。但真正说来，在笛卡尔那里，是目的 25 歪曲了见识。也就是说，在此，在因果法则要求一个原因的时候，他不是提供了原因，而是提供了一个认知根据，因为这样的一个认知根据，并不像原因那样马上就继续再引往更进一步；并且，他以这样的方式，通过这定律，铺平了通往上帝存在的本体论证明的道路；他在安瑟莫仅仅只是泛泛地提供了这方面的引导以后，就成了这方面的发明者。这是因为在列出这些定律之后——这所引的定律就只是那其中的第一个——本体论证明就马上正式地和郑重地提了出来：这证明事实上已经表达在或者至少完好地存在于这定律里面了，正如小鸡完好地存在于孵化了长时间的鸡蛋里面。因此，所有其他的事物都为存在而需要某一原因，那通过宇宙学证据的阶梯所带给我们的上帝的存在却并不需要这一原因，那在其概念中存在的无限性就已足够了，或者，就正如那证明本身所表达的："那完全完美的存在物的概念，已必不可少地包含了其存在。"这因而就是那变戏法者的巧妙手法，因此缘故，人们就把亚里士多德早就熟悉的混淆根据律的两种主要含义用于"荣耀归于真神"当中。

仔细和不带偏见地考察，这著名的本体论证明确实就是一个挺可爱的笑话。也就是说，有人借着某一机会而设想了一个概念，由各种各样的属性集合而成，但与此同时却设法让这里面的，无论是平白赤裸的、还是更加像样的属性——因为后者以另外的一样属性，诸如完美、无限或相类似的包裹起来——也成了现实的或者存在属性。众所周知，我们可以从所给出的一个概念中，通过纯粹分析判断抽出其所有关键的，亦即与这概念一并想到的属性和同样地也抽出这些属性中的关键属性，而这些属性因此都有逻辑上的真实性，亦即在一个所给出的概念中有其认知根据。现在，这人就据此从他那随意想出来的概念中，甚至搬出现实的或者存在的属性，也因为这一点，那与概念相应的一样对象物，据称就是不依赖于这一概念而在这真实中存在！

要不是这想法是那样该死的聪明，

我们可就忍不住会真心称其为愚蠢。

——席勒,《皮柯乐米尼父子》,2，7

此外，对于一个这样的本体论演示，简单的回应就是："一切都取决于你那概念是从哪里得来的：假如那是从经验中得来的，那就太好了，其对象物就是存在的，并不需要更多证据了；但假如那概念是从你那小小的空壳脑袋中谋划出来的，那其所有的属性都对其帮不了忙，那概念就是一个荒唐的想法。"但神学，为了要在哲学地盘中站住脚跟——因为神学很想栖身在这与其完全不相干的地盘——就必须乞灵于这些证明；这就会刺激起针对神学主张的某种非常不利的偏见。但看看亚里士多德的先知般的智慧！他从来就不曾听闻什么本体论的证明，但他就好像眼前看到了即将到来的阴暗时代的黑夜，在其中瞥见了那经院学派的荒唐可笑的念头，并想要堵死其来路，所以，他在《后分析篇》第2部第7章中小心翼翼地说明：对一样事情的定义与对这事情存在的证明，是两样不同的和永远分开的事，因为我们通过前者获悉那所说的意思是什么，通过后者则了解到这某样东西是存在的。他就像预言将来一样说出了这一句话："存在并不属于一样事物的本质，因为存在并不是那事物本质的标记。"那也就是说："存在永远不属于事物的本质。"相比之下，谢林先生多么的尊崇本体论的证明，这可以从他的1809年的《哲学文论》第1卷第152页的一篇长长的注释中看得出来。但从这我们还可以看出更加有启发性的东西，亦即厚颜无耻的、装腔作势的、自视高雅的东西是如何足以迷惑和蒙骗德国人的。 但至于像黑格尔这样一个彻头彻尾的可悲家伙——他那整套冒牌哲学家的勾当其实不过就是对本体论证明的怪异发挥和详述——竟想要为这本体论证明辩护，对抗康德的批判，那会是一个连本体论证明也要为之感到羞耻的同盟，尽管这本体论的证明在其他方面并没有什么是要感到羞耻的。 人们可不要期望我说起那些让哲学招人鄙视的人时会带有敬意。

§8 斯宾诺莎

虽然斯宾诺莎的哲学主要在于否定由他的导师笛卡尔所提出的双重二元论，亦即神与宇宙和灵魂与身体的二元论，但却是完全忠于其导师，继续如上述那样混淆和混合认知根据和结论的关系与原因和结果的关系；事实上，斯宾诺莎试图从这种混淆中尽可能地为其形而上学抽取更大的好处，比笛卡尔为自己的形而上学抽取好处更有过之而无不及，因为那所说的两种关系的混淆成了斯宾诺莎的整套泛神论的基础。

也就是说，一个概念的所有本质属性是不言自明地包含在这概念之中的；因此，这些属性可以通过分析的判断明确地从这概念中显示出来；这些属性的总和就是这概念的定义。 这定义因此与这概念本身的不同，并不在于那内容，而只在于那形式；因为这定义是由所有那些在这定义中一起被思维的判断所组成的，因此在这概念中有其认知根据——只要这些判断展示了这概念的本质。 这些判断因此可被视为从那一个概念所得出的结论，作为这些结论的根据。 一个概念与基于这一概念和从这一概念中产生的分析性判断的这一关系，正正就是斯宾诺莎的所谓神与这宇宙的关系，或更准确地说，是那唯一的一样实体与其无数属性的关系（"神，或实体，具有无限多的属性。"《伦理学》第 1 部分，命题 11）。 那因而就是认知根据与其结论的关系；而真正的有神论（斯宾诺莎的有神论只是名义上的有神论）是接受原因与结果的关系的——在这关系中，根据与其结果，并不像在那认知根据与其结论的关系那样仅仅只是根据其考察的方式而言是不同的和分开的，而是从本质上和真实上，亦即就其自身而言，永远是不同的和分开的。 这是因为"上帝"一词，诚实运用的话，那就是附加了人格化的这世界的一个原因。 而一个非人格化的神，其本身就是自相矛盾的。 但因为斯宾诺莎甚至在由他所提出的情形里，也想保留"神"的字词以标示实体，并将这字词甚至明确地称呼这宇宙的原因，所以，他要完成这桩事情，就只能通过混淆那两种关系，因此就是将认知根据的法则与因果法则完全混为一谈。 为证明这一点，我仅从无数的例子中取出下面这一段："应该注意：任何存在的东西，必然有其所赖以存在的某一确定的原因。 应该注意：一样事物赖以存在的原因，必定是要么包含在这存在的（因为存在即属于其本质）事物的自身本质和定义之中，要么那原因就是在这事物的自身之外。"（《伦理学》第 1 部分，命题 8 附释 2）。 在后一种情形，他指的是一个作用的原因，正如从接下来所表明的；而在前一种情

28

17

形，他指的是一种单纯的认知根据。但他将这两者等同起来，并以此为其将神与这宇宙视为同一的目的做准备工夫。将存在于某一既定概念里面的认知根据与某一从外在作用的原因相混淆，并与这外在的原因相提并论，就是他到处都用上的手段，是他从笛卡尔那里学来的。我就举出下面一段作为这种混淆手段的例子："从神的本质的必然性，必定得出可以纳入无限智慧这一概念的一切东西。"（《伦理学》第1部分，命题16）但与此同时，他时时处处都称神为这宇宙的原因。"一切存在的东西，都表示着神的力量，而神的力量就是一切事物的原因。"（同上书，命题36，证明）——"神是一切事物的内在的原因，而不是超验的原因。"（同上书，命题18）——"神是导致性原因，不仅是事物存在的导致性原因，而且还是事物本质的导致性原因。"（同上书，命题25）——在《伦理学》第3部分命题1的证明："从任何一个观念，必然得出某种的作用效果。"同上的命题4："没有什么东西是可以被消灭的，除非是通过某一外在的原因。"——证明："对任何一样事物的定义都是肯定、而不是否定这事物的本质；换句话说，那定义断言那事物的本质，但却没有否认它。因此，假如我们注意这事物本身，但却没有注意外在的原因，那我们就不会在其中看出会消灭这事物的东西。"这意味着：因为一个概念不会包含任何会与其定义，亦即与其属性的总和相矛盾的东西，所以，一样事物也不会包含任何可以成为其被消灭的原因的东西。这一观点在这命题11的稍微冗长的证明当中达到了高峰——在此证明中，那能够消灭或者毁灭一样本质的原因，与那定义中所包含的和因此取消了这一定义的某一矛盾相混淆了。将原因与认知根据相混淆的必要性在这种情况下是如此的紧迫，以致斯宾诺莎永远不可以单独说出"原因"或者"根据"，而是每一次都迫不得已地说"根据或者原因"，因此，这说法在这一页里面就发生了八次，以便将这种私吞遮藏起来。笛卡尔早就在上面所引用的定理中做了同样的事情。

　　因此，斯宾诺莎的泛神论其实就只是将笛卡尔的本体论证明具体化。首先，他采用了上面所引的笛卡尔的本体论的命题："恰恰是神的本质的无限性就是原因或说根据——由于这原因或根据，神并不需要任何原因以存在。"斯宾诺莎不说"神"（在开始的时候），而总是说"实体"，然后就以"实体的本质在其自身必然包括了其存在，所以，实体必然是其自身的原因"作结尾（《伦理学》，第 1 部分，命题 7）。因此，通过笛卡尔用以证明神的存在的同一个论辩理由，斯宾诺莎证明了这宇宙的绝对必然的存在，而这存在因而是不需要神的。他在命题 8 的附释 2 中更加清楚地说了这一点："既然存在属于实体的本质，那实体的定义就必然包含了那存在，并因此从单纯的定义中必然推论出其存在。"但这实体，众所周知，就是这宇宙。在同样的意义上，命题 24 的证明 30
这样说："一样东西，如果其本性就其自身而言已包含了其存在，那就是其自身的原因。"

　　也就是说，笛卡尔只是在观念上、只是在主观上，亦即只是为了我们、只是为了认知的需要，亦即为了拿出神的存在的证明而提出来的东西，斯宾诺莎实在地和客观地接受为神与宇宙的真实关系。在笛卡尔那里，神的概念中已有了存在，那就成了说明神的真实存在的论据；在斯宾诺莎那里，神本身就藏在这世界中。因此，在笛卡尔那里只是认知的根据，斯宾诺莎将之变成了现实的根据；假如笛卡尔在本体论证明中教导了从神的本质性可得出神的存在，那么，斯宾诺莎就将这教导弄成了自因，并大胆地在他的《伦理学》中这样开头："我认为一个自因就是这样的东西：其本质（概念）已包含了其存在。"这是充耳不闻亚里士多德对他的这一喊话："存在并不属于一样事物的本质，因为存在并不是那事物本质的标记。"在此，我们最清楚明显地看到了认知根据与原因的混淆。假如习惯于将字词当作思想的新斯宾诺莎信徒（谢林学派信徒、黑格尔学派信徒等），常常装腔作势地、虔诚地赞叹这自因和对其津津乐道，那在我看来，自因不过就是一个自相矛盾的字词、一个在之后的之前，是一个大胆剪断了无尽的因果链条的强硬说法，的确就类似于那一个奥地利人的做法：他在发现自己无法够得着那高度以扣紧戴在了头上的军帽上的饰针，就爬到了一把椅子上。这自因的恰当象征就是：明希豪森伯爵用双腿夹紧他的在水中下沉的马儿，拉着头上的辫子以将自己和马匹一道往上提，而在这下面就写着：自因。

最后，让我们看一下《伦理学》第1部分的命题16。在此，我们看到从这样的根据，"从任何事物的一个定义，智力都可以推论出更多的特质，而这些特质其实是从那同样的定义中必然推出的"，就推断：从神的本质的必然性（亦即当作是现实的话），就肯定得出无限多样的无限属性，因此，无可争辩，这神与世界的关系就是一个概念与其定义的关系。 尽管如此，与之马上联系起来的是这样的推论："神就是造成物的原因。"将这种认知根据与原因的混淆更推进一步是不可能的了，那也不会还有比在此更加重大的结果。 但这显示了现在这篇论文的主题的重要性。

以往的两位伟大思想家由于缺乏清晰思维而走了错路，在我们今天，谢林先生却为此提供了一个小小的尾声，因为他竭力为那高潮更添加了第三级。 也就是说，假如笛卡尔面对将其神灵逼入困境的因果法则的要求，其对应方式就是以认知根据作代替以便平息这事情；假如斯宾诺莎将这认知根据弄成了实际的原因，亦即自因，在这样做的时候，神对他来说就成了这世界——那么，谢林先生（在其《论人的自由》一文中）就在神的本身将根据和结果分开，因而更好地加固了这事情，所用的方式就是将这提升为一种真实的和拟人化的根据及其结果，因为他让我们了解到某样"在神那里但却又不是神本身，而是他的根据，作为一个原初的根据，或者更准确地说，作为没有根据的东西"。"那事实上超过了所有的一切。"此外，谢林从雅克布·伯默的《关于尘世的和天国的奥秘的报道》拿来了整个的虚构故事（或寓言），这在今天是人们都知道的事情。 但雅各布·伯默本人是从哪里得知这事情，并且那个"没有根据"又到底是出自哪里，人们则似乎并不知晓。 所以，我就冒昧在这里说出来。 那就是希腊词 βυθός，亦即拉丁语的 abyssus，即无底的深渊，瓦伦提努派（2 世纪的一个异端派别）的没有根据，这"没有根据"孕育了与其血肉同在的沉默，而这沉默分娩了理解力和世界：正如爱任 32

纽(Irenaüs,《发对异端》,第1部,第1章)以下面的文字所说的:"他们宣称:在那无法看见的、也无法形容的庄严伟大之中,先行存在着某一完美的永世,他们将之名为原始、元祖和始源……但因为他是无法把握的和无法得见的,是永恒的和不经产生地存在着的,所以,他在那无限的永世时间处于平静和安宁之中。 但与此同时,与其一道存在了认识,他们把这也名为恩典和沉默;既然那始源很久以前有了想法,从其自身形成了这世界的开始,而他将这形成(这形成是出自他的想法)沉入与其同时存在的沉默之中,就好比是将精子放置于母亲的子宫里那样。在这沉默接受了精子和受孕以后,就产生了智力,而这智力与让这得以形成的智力是相似的和同样的,也唯有这智力才能领会那父亲的伟大。但他们却把这智力名为原住民和宇宙的起源。"这异端的故事肯定是以某种方式传到了雅克布·伯默的耳朵,而谢林先生则从伯默手中深信不疑地接了过来。

§9 莱布尼茨

莱布尼茨首先正式地将根据律作为一切知识和科学的一个首要原则提了出来。 他在其著作的多处地方非常浮夸地宣告这一点,做得非常煞有其事,装出好像是他第一个发现了根据律似的。 但就这根据律,他懂得说的不过就是:一切事物为什么是这个样子而不是那个样子,都必然有其充足的根据,而这一点,世人在他之前却肯定是已经知道的了。 虽然对这根据律的两种主要含义的区别他不时有过暗示，但却并没有明确地强调，也没有在其他情况下，在其他任何某处清楚地阐述。那主要的段落是在其《哲学原则》§32 和稍好一些的、这题目为《单子论》的法文版著作："由于充足根据律的原则，我们认为任何事情，假如不存在某一充足根据和理由导致这事情是这样而不是那样，那就不会是真实的或存在的。"大家可以将这段与《神正论》§44 和给克拉克的第5 封信的§125 作一比较。

§10 沃尔夫

沃尔夫是首位将我们的原则的两个主要含义明确分开和说明其差别的人。 但他还没有将根据律在逻辑学上确立下来，就像人们现在所做的那样，而是在《本体论》里提出的。 他在《本体论》§71 虽然极力主张人们不要将认知的充足根据律与原因和结果的定律相混淆，但他在此却没有界定清楚那种差别，并且他自己就做了混淆的事情，因为他恰恰在这书中"关于充足根据律"一章§70、 §74、 §75 和§77，为证明"充足根据律"，而列举了原因与结果和动机与行为作例子，而这些例子，假如他是想要区别清楚上述的差别的话，就必须在那同一本著作的"论原因"一章中列举出来。 可是在"关于充足根据律"一章里面，他再次列举相当类似的例子，并在此再度提出"认知原则"（principium cognoscendi，或说"认知的根据""认知的理由"）（§876），而这"认知

34 原则"，虽然正如上面所讨论过的，并不属于这里，但却有助于引入在接下来的§881—§884对根据律与因果法则的明确的和清晰的区分。他在此接着说，"其自身包含了另一样事物的根据的，称为原则"，而这分为三种：1."生成的原则"（原因）——他将此定义为"对另一样事物的现实性而言的根据，例如，假如石头变温暖了，那火或者阳光就是其根据，所以，那温暖存在于石头之中"。2."存在的原则"，他将这定义为："有关另一样事物的可能性的根据，在这同样的例子中，有关石头接纳温暖的能力的根据，就存在于石头的构成性质之中。"这后者在我看来是一个不可允许的概念。可能性根本上就是，就像康德已指出得够多的，是与我们先验意识到的一切经验的条件相一致的。从这些，我们知道就沃尔夫有关石头的例子而言，从原因所导致的作为结果的变化是可能的，亦即一种状态可以紧随着另一种状态而出现——假如前一种状态包含了紧随的状态的条件：在此，我们发现石头温暖了的状态是结果，在其之前的石头的无限的温暖容量和与自由热的接触就是原因。那么，沃尔夫要对第一种状态的特性（性质）称为"存在的原则"，而第二种状态的特性（性质）则称为"生成的原则"，是基于这样的一个错误：这错误的产生是由于在石头一面的条件更长久地存在，因此可以更长久地等待其他的原因。也就是说，至于那石头是这个样子，是由这样的化学性质所构成，伴随着如此这般程度的比热，因而有着与其比热成反比例的热容量，就正如在另一方面，这石头与自由热相接触是一连串之前的原因的结果一样，都是"生成的原则"（变易和成为的根据），但这双方面状态的同时发生却最先构成了这一状态：这状态作为原因造成了作为结果的温暖。 在这过程中，并没有为沃尔夫的"存在的根据"留下任何的空间，因此，我是不会承认这"存在的根据"的，对此我讨论得详细了点，一是因为在下面我用这个名字的时候是采用完全另外的一种含义，二是因为这讨论会有助于理解因果关系法则的真正意义。

3.就像所说的，沃尔夫划分了"认知原则"，并在"原因"之下，还提出了"决定了意欲的推动原因或者说根据和理由"。

§11　沃尔夫与康德之间的诸哲学家

鲍姆加登在《形而上学》§20—§24 和§306—§313 中重复了沃尔夫的划分。

莱玛鲁斯在《理性学说》§81，区分了：1.内在的根据；莱玛鲁斯对此的解释与沃尔夫的"存在的理由"是相一致的，且也适用于"认知的根据"（或说"认知的理由"），假如他不是将仅只适用于概念的东西套用到事物的话；2.外在的根据，亦即原因。 他在§120 及后面正确地定义了"认知的根据"作为这看法的条件；不过，在§125，他在一个例子中将之与原因相混淆了。

朗伯在《新工具》中，不再提及沃尔夫的区分，但在一个例子中显示他是区别了认知的根据与原因的，也就是说，在第 1 卷§572，他说了，上帝是真理的存在根据，真理则是上帝的认知根据。

普拉特那在《箴言》§868中说："在表象的范围内，称为根据和结果（认知的根据、理由）的，在现实中就是原因和结果（动力因、结果）。每一个原因都是认知根据，每一个结果都是认知结果。"他的意思因此是：原因和结果就是在现实中与在思维中根据和结果的概念相一致的东西；前者与后者的关系大概就是实体和偶然性与主语和谓语的关系，或者，就如客体的特性与我们对这些特性的感觉的关系，等等。 我认为反驳这看法是多余的，因为每一个人都很容易看出在判断中根据和结果的关系与对原因和结果的认知是完全不同的，虽然在个别的情形里，对一个这样的原因的认识可以成为一个说明结果的判断的根据（参看§36）。

§12 休谟

在这位严肃的思想家之前，还没有任何人对下面所说的有所怀疑。首先，在这天地万物之前，就有了充足根据律，亦即作为因果性法则。这是因为那是一个永恒的真理，亦即那是就其自身而言的、是超越了神灵和命运的真理；而所有其他的，例如那思维着这根据律的理解力，还有那整个世界和无论那是什么的原因，例如原子、运动、某一个创世者等等，就只是符合这根据律、因而这根据律才成了现在这样子。 休谟是第一个想到要去诘问这因果性的法则是从哪里获得其权威性，并且要求其拿出这权威性的凭证。 他得出的答案，即因果性不过就是在经验中感知的与我们习以为常的事物和状态的时间顺序而已，是众所周知的。 每一个人都马上感觉到这其中的错处，要对此予以反驳也不是难事。 只不过休谟的贡献就在于那诘问本身：它激发和开始了康德的更深入的探究并因此成为了一套比至今为止以柏克莱观念论为主的任何观念论都深入理解得多和透彻得多的观念论，成为了先验的观念论，而由此观念论，我们有了这样的确信：正如我们在具体细节上依赖于这世界，这世界也同样地在总体上依赖于我们。 这是因为他通过指出是由于那先验的原则，我们才能够先验地、亦即先于一切经验地对客体及其可能性有了某些确定，他证明了这些事物并不是在独立于我们的认知的情况下就是像它们所显现给我们的这个样子。 这样的一个世界与梦幻的类似性突显出来了。

§13　康德及其学派 37

康德论述充足根据律的主要段落是在一部小书里，题目是《论一项发现：根据此发现，所有对理性的批判都由于更早的一种批判而变为多余》，而且是在这书的 A 字头下的第一节。 在那里，康德极力主张逻辑上(形式上)的认知根据与先验(物质上)的根据的区别：前者是"每一个命题都必须有其根据"，后者则是"每一样事物都必须有其根据"，因为他与将这两者混为一谈的埃伯哈特进行了论战。 有关康德对先验性及由此对因果性法则的先验特性的证明，我将在后面，在给出了唯一正确的证明以后，用特别的一节对其批评。

在这些先行者之后，由康德学派所提供的好些逻辑学的教科书，例如，由霍夫鲍尔、马斯、雅克布、基瑟威特等所撰写的教科书，就相当精确地定义了认知根据与原因的差别。基瑟威特尤其在他的《逻辑学》（第2卷，第16页）中让人相当满意地陈述了这种差别："逻辑上的根据不可以与现实的原因相混淆。充足根据律属于逻辑，因果性定律则属于形而上学。"然后（在第60页）："前者是思维的原则，后者则是经验的原则。原因涉及真实的事物，逻辑的根据则只涉及表象。"

康德的对手更加着力主张这种差别。舒尔策在《逻辑学》§19（注释1）和§63抱怨充足根据律与因果性定律的混淆。所罗门·迈蒙抱怨人们有关充足根据律说得够多了，但却不曾说明这所说的到底是什么意思，并在"前言"第24页责备说：康德是从假言判断的逻辑形式中推论出因果性原则的。

F.H.雅各比在《关于斯宾诺莎学说的通信》（附件7，第414页）中说：由于根据的概念与原因的概念混合不分，就产生了幻象，而这幻象就成了各个不同的错误推断和思辨的源头，他也以他的方式陈述了这些推断和思辨的差异。但在此，我们一如惯常地发现他更多的是沾沾自喜地玩弄字词游戏，而不是严肃地探究哲学。

最后，谢林先生是如何区分根据与原因的，这可以从他的《自然哲学导论的箴言》§184看得出来。这篇东西放在了由马库斯和谢林主编的《医学科学年鉴》第1卷第1期的开首。在那里，谢林教导大家重力是事物的根据，光是事物的原因——我是作为怪谈引用这些，因为除非是这样，这样轻浮、漫不经心的瞎扯是不值得在严肃的和诚实探究者的意见看法中占据任何一席之地的。

§14　论有关根据律的证明

还需要提及的一点是：人们不止一次徒劳无功地尝试去证明充足根据律，而在大多数情况下又没有精确界定他们所认定的充足根据律的含义，例如，沃尔夫在《本体论》§70 就是这样证明的，而这证明被鲍姆加登重复在其《形而上学》§20 中。 要在这里重复和批驳这证明是多此一举的，因为很明显那证明是建基于一种文字游戏。 普拉塔纳在《哲学箴言》§828，雅各布在《逻辑学》和《形而上学》（第 38 页，1794）中尝试了其他的证明，而在这些其他的证明里，那种循环论证轻易就可看得出来。 关于康德的证明，正如所说的，我会稍后再谈。 既然我希望透过这篇论文去指出我们的认知能力的不同法则——而这充足根据律就是这些法则的共同表现——那么，这自动就得出这样的结果：这根据律根本上就是无法证明的，相反，亚里士多德所说的"他们为一样并没有根据理由的东西寻找根据理由，因为这些证明的根源并不就是证明"（《形而上学》3，6），却适用于所有的这些证明（除了康德的证明以外，因为康德的证明并不是指向于因果性法则的有效性，而是指向于因果性法则的先验性）。 我们可将这与《后分析篇》1，3 作一比较。 39

这是因为每一个证明都是将有疑问的东西还原为某样无可争议的东西；并且，假如我们继续要求对这无可争议的东西——不管这是什么——的某一证明，那我们最终就会碰上某些定律，这些定律表达了一切思维和认知的形式和法则，也因此表达了其前提条件，一切思维和认知因就在于对这些定律的应用；这样的话，确定性不过就是与上述的形式、法则和条件吻合一致，因此，那些定律自身的确定性并不可以用别的定律加以解释。 我们将在第 5 章探讨这些定律的真理性性质。

要寻求尤其是对充足根据律的证明，是特别的错误和颠倒，说明了缺乏慎思明辨。 每一个证明也就是展示和阐明了一个所宣布的判断的根据，而这一判断也就恰恰通过这样而得到了"真"的评价和称号。 根据律就恰恰表达了对每一个判断都要有其根据的这一需要。 那么，谁要求对此根据律的一个证明，亦即要求展示有关这根据律的一个根据，那也就恰恰以此已经假定这根据律是真的，并的确就是将这要求建立在这一假定之上。 他因此也就陷入这一循环：他要求一个证明，以证明其要求证明是合理的。

第三章　至今为止各家论述的
不足和一个新论述的计划

§15　至今为止所列举的根据律含义所无法涵盖的情形

　　从前一章就各家说法的概述，可以大致得出这样的结论：尽管只是逐渐地和极其迟缓地，并且也免不了常常重新陷入混淆和错误之中，但人们还是区分出对根据律的两种应用：一种是应用于判断，这些判断要成为真实的话，就必须具有根据；另一种则是应用于真实客体的变化，这些变化肯定永远有着某一个原因。我们看到，在这两种情况里，充足根据律都让我们有权问出"为什么"，而这是充足根据律的基本特性。不过，这两种情况，包括了我们有权问出"为什么"的所有情形吗？假如我问：为什么三角形的三条边是相等的？那回答就是：因为那三个角是相等的。那么，相等的角就是相等的边的原因吗？不，因为在这里讨论的并不是变化，因而并不是讨论任何必须具有一个原因才会发生的作用结果。那它就仅是认知的根据吗？不，因为等角并不单纯就是等边的证明，并不单纯就是一个判断的根据：单纯从概念永远无法看出因为是等角所以就必然是等边，因为在诸角相等的概念中，并没有诸边相等之说。因此，在这里，并不是概念与概念或者判断与判断之间的任何联系，而是诸边与诸角的联系。 诸角相等并不是认知到诸边相等的直接根据，而只是间接根据，因为那是如此这般的情形——在这里是诸边相等——的根据，所以，诸角相等的话，诸边也就必然相等。 在此，诸角与诸边存在着一种必然的关系，而不是判断与判断之间的一种直接必然的关系。 再就是，假如我问到，为什么虽然"没有发生的可以发生"，但"发生了的却不可以不曾发生"，亦即为什么往者是绝对不可以挽回的，将来则是不可避免的，那这也是不可以纯粹在逻辑上、通过单纯的概念加以说明。 这也同样不是因果性的事情，因为这因果性就只掌控在时间上的事件，而不是掌控这时间本身。 现在的时刻，并不是通过因果性，而是直接通过那存在本身——其出现是不可避41 免的——将流逝了的存在扔进了无底的深渊，并让其永远化为无物。 这用单纯的概念是无法让人理解的，相反，我们完全是直接地和直观地认识这一点，恰如认识那左与右的分别和依赖于这分别的东西，例如，左手手套与右手并不相配。

那么，既然并不是充足根据律所应用的所有情形都可以还原为逻辑性根据与结果和原因与效果，那在这划分中，肯定并没有满足差异性法则。 但同质性法则却使我们不得不假定：那些情形并非无穷无尽地不同，而必然可以还原为某些种类。 在我尝试这划分之前，有必要先界定什么是根据律在所有的情形里为根据律所独有的基本特征，因为必须在种的概念之前确定属的概念。

§16　充足根据律的根

　　我们的认知意识，所呈现出来的外在的和内在的感官敏感性（接受力和感悟）、理解力和理性，分为主体和客体，除此就别无任何其他了。成为主体的客体，与成为我们的表象，是同样的事情。我们所有的表象都是主体的客体，而主体的所有客体都是我们的表象。但现在的情形就是：我们所有的表象在互相之间是一种符合规则的和就其形式而言是先验确定了的关系，而由于这种关系，并不会有任何独自和独立存在的东西，也不会有任何分散的和割裂的东西会成为我们的客体。充足根据律以其普遍性所表达的就是这种关系。尽管这种关系——正如我们从至此为止所说的已经能够推断——根据客体的不同种类而采用了不同的形式，而根据律要形容这些形式的话，就要改变其表达，那关系却仍然保留了所有那些形式所共有的东西，而这就是我们的根据律以普遍和抽象把握的方式所表示的。那构成了这根据律基础的、在后面将要得到更细致展示的关系，就是我所称之为充足根据律的根。这些关系，在依照同质性法则和差异性法则对其进行更加仔细的考察之下，分为特定的、彼此非常不同的种类，其数目可还原为四种，因为那是依照所有可以成为我们的客体、因而也就是我们所有的表象所分成的四个类别。这些类别将会在接下来的四章中提出来和讨论。

42

在接下来的每一章里面，我们将看到充足根据律各以一种不同的形式出现，但却由于其可以用上述用语，所以无论在哪种情况下，都可以让我们看出那就是同一样的东西和出自在此所说的根子。

第四章　论对主体而言的第一类客体和在这类客体中占主导作用的充足根据律形式

§17　对这一类客体的一般性说明

我们表象能力的第一类可能的对象，就是直观的、完备的、经验的表象。它们是直观的，与仅只是思维的、因而是抽象的表象相反；完备的，因为它们根据康德的划分，不仅包含了现象的形式性部分，而且还包含了物质性部分；经验的，一是因为它们并非出自单纯的联想，而是源自对我们敏感身体的感觉刺激，而要核实其现实性，就总得溯源于这些感觉刺激；二是因为它们根据空间、时间和因果关系的法则，联系在一起成了这一无始无终的错综复合体，而这复合体也就构成了我们的经验现实。但既然这经验现实，根据康德所教导的结果，并没有取消了其先验的观念性，我们在此就将它们仅作为表象考虑，因为在此所涉及的是认知的形式部分。

§18　对经验现实的一个粗略的先验论分析

这些表象的形式就是内在感官和外在感官的形式，即时间和空间。

但这时间和空间却只是在被充满了才可被感知。 其可被感知性就是物质，这我在下面的§21会回头再说。

假如时间是这些表象的唯一形式，那就不会有任何的并存，也因此不会有任何恒存的东西和任何的持续。 这是因为时间就只是被感知——只要时间是被充满了的话；时间的进展也只有通过那充满于时间的东西的变易才可被感知。 某一客体的恒存因此就只有通过与其他并存的客体的变易对照才可被认知。 但对并存的表象却在单纯的时间中是不可能的，而是要以另一半、要以对空间的表象为条件；因为在单纯的时间中，一切都是相继的，但在空间中，一切却都是并列的：所以，对并存的表象就只有通过时间与空间的结合才可以产生。

而假如空间是这类表象的唯一形式，那就不会有变易了：因为变易或说变化就是状态的接续，而接续就只是在时间中才有可能。 因此，我们也可以将时间定义为同一样事物向着相反目的地的可能性。

我们因此看到：经验表象的两种形式，尽管众所周知都共有无限的可分性和无限的延伸性，但却是根本上不同的，对这其中之一者来说是本质性的东西，对另一者却没有任何的意义：并列在时间上没有任何的意义，相继在空间上没有任何的意义。 那经验的、属于有规律的现实复合体的表象，却是同时出现在这两种形式中，这两种形式的内在结合甚至是那现实的条件，而这现实在某种程度上就像从其多个要素中生出的一样产品。 造成这一结合的，是理解力：其通过特有的功能，将感觉

44

的那些不同的形式结合起来，以致由此互相渗透，产生了经验的现实——虽然那就只是对理解力本身而言，而这作为总体表象的经验的现实，通过根据律的形式形成了合在一体的错综复合体，但这复合体的边界是有疑问的。 所有属于这一类别的个别表象都是这一复合体的一部分，并且，在这复合体中，根据那确定的、我们先验就意识到的法则而有其位置。 所以，在这复合体中，无数的客体同时存在着，因为在这里，尽管时间是不可阻挡的，但实体，亦即物质，是恒存的，并且，尽管空间是僵硬不动的，但那些客体的状态是变易的。 因此，在这复合体中，一句话，这整个的客体世界对我们来说是存在的。 在这里只是给出了有关经验现实分析的梗概，但详尽的阐述，透过更仔细地分析理解力的功能是以何种方式为理解力造成了上述的结合及伴随着的经验世界——对这些，感兴趣的读者可查看《作为意欲和表象的世界》第 1 卷§4(或这套版本第 39 页)，而在这著作第 2 卷第 4 章所附加的有关时间、空间和物质的先验属性的表格，我建议这些读者认真留意，这对于理解上述问题是有实质性帮助的，因为由此可特别看出：空间和时间的对立是如何在物质上协调和平衡的，而物质则是空间和时间的对立在因果关系形式上表现出来的产物。

我们将马上对构成了经验现实的基础的理解力做详细的说明。 不过，在这之前，我们必须透过几个附带的论述，以移除在此所遵循的观 45
念主义的基本看法将会最先遭遇的冲击。

§19 表象的直接现时存在

尽管内在感官形式和外在感官形式通过理解力的这种结合而达成了物质的表象，以及连带达成了一个恒存世界的表象，但因为主体就只是透过内在感官而直接认知，因为外在感官再度是内在感官的客体，这内在感官是再度去感知外在感官的感知，那主体就表象在其意识中的直接现时存在的方面因而就唯独受着时间作为其内在感官的形式的控制[1]，所以，对这主体来说，每一次就只有一个清晰的表象是直接存在的，虽然这一表象可以是非常复杂的。 表象是直接现时存在，这意思就是说：这些表象不仅是在由理解力（这理解力，我们马上就会看到，是一种直观的能力）所实施的时间和空间的结合中成为对经验现实的完全表象，而且还作为内在感官的表象在单纯的时间中为我们所认知，确切地说，那是在向着两个分开的方向之间的中性节点上，而这一节点我们就称为现时存在。 在前一章节中提到的、这一类别的某一表象的直接现时存在的条件，就是其对我们的感官、因而就是对我们的身体所造成的因果性作用影响，而我们的身体本身就属于这一类别的客体，并因此是受着在这一类客体中占主导作用的、我们马上就要探讨的

---

[1] 参看《纯粹理性批判》，"先验原理论"，第 2 章，"从这些概念中的推论"，b 和 c，第 1 版第 33 页；第 5 版第 49 页。

因果关系法则的控制。 因为那主体依照着无论是内在还是外在世界的法则都不可以停留在那一个表象那里，在单纯的时间却又没有任何的同时一齐存在，所以，那一个表象始终是要再度消失的，会被另一个表象所挤掉，所依照的是一种并非先验可确定的、而是依赖于很快就要提到的情形的秩序。 此外，幻想和做梦会再现直接现时存在的表象，是一 个人们都知道的事实，有关这些的探讨却并不适合这里，而是属于经验心理学。 尽管这些表象在主体意识中，在直接的现时存在方面是稍纵即逝和个别零星的，但对这主体意识来说，通过理解力的功能，仍还有着有关包含了一切的一个现实复合体的表象，就正如我在上述所描述的——因为这样，所以，人们在表象的两相对照方面，只要那些表象是属于那现实复合体的，那就会被视为完全有别于在意识中直接存在的表象的东西；以前者的身份，它们就被称为现实的事物，但以后者的身份，则只被称为"不折不扣的"表象。 对事情的这种理解，这样的一种普遍一般的理解，就称为实在论。 在当代哲学出现时，观念论就与这实在论相对立，并越发地取得了优势。 这观念论首先是由马勒伯朗士和柏克莱所代表，康德将其提高为先验的观念论，这观念论让人们得以理解事物的经验现实性与这事物的先验观念性的并存。 据此，康德在《纯粹理性批判》中还这样说了："我所理解的一切现象的先验观念性，就是这样的学说概念：根据此学说概念，我们将现象全都视为单纯的表象，而不是自在之物本身。"此外，在脚注中："空间本身不过就是表象，存在于空间中的东西，必然就是包含在表象中，在空间中，除了那真正表象出来的东西，别无任何其他。"（《对先验心理学的第 4 个错误结论的批判》，第 1 版第 369、375 页）。最后，在这一章中所附加的"考察"中，是这样写的："假如我拿走了思维着的主体，那整个的物体世界就会化为无物，因为这世界除了是我们主体的感官敏感性的现象以外，什么都不是，就只是这感官敏感性的一种表象。"在印度，无论是在婆罗门教还是在佛教，观念论甚至是大众宗教的教义；只有在欧洲，由于犹太教本质上的和不可避免的实在论基本观点，观念论才是怪诞的东西。但实在论忽略了：这些现实事物的所谓存在完全不过就是所形成的表象，或者，假如人们坚持的话，只有在主体的意识中直接在现时存在的才可以称为"根据现实"而形成的表象，甚至只可以称为"根据可能性"能够形成为表象。实在论忽略了：客体脱离了其与主体的关系，就不再是客体了；假如人们从客体那里拿走了这关系，或者并不考虑到那关系，那所有的客体性存在就马上被取消了。那充分感觉到了客体是以主体为条件的莱布尼茨，却还是无法摆脱得了这一想法：客体有着一种独立于主体，亦即不依赖于头脑表象的自在的存在。他首先假定了一个与表象的世界精确一样的和与其平行着的自在的客体世界，但这客体世界与那表象世界并没有直接的关系，而只是在外在通过一种先定的和谐与其结合起来，而这先定的和谐显然是这世界上最多余的东西，因为这本身永远不会进入感知，与其完全相似的在表象中的世界也在没有它的情况下照样运作。但假如他想要再次更仔细地确定那些客观上存在的事物的自在本质，他就不得不申明这些是对主体而言的自在客体(单子),并以此恰恰给出了最有说服力的证据,证明了我们的意识,只要其仅是认知的意识,因而只要是在智力的范围之内,亦即仅是在为了把握表象的世界而设的装置的范围之内,那除了主体和客体、除了做出表象的和表象之外,是不会发现任何更多的东西;因此,我们,假如我们不要考虑一样客体的客体存在(表象化),亦即取消其作为客体,但却仍然要确定某样东西,那我们除了主体以外,不会看到任何其他。 但反过来,假如我们不要考虑一样主体的主体存在,却仍不会一无所剩,那就会出现相反的、会演变成唯物论的情形。

48

斯宾诺莎从来没有对这问题达致纯粹的和因此是清晰的概念,但他却非常充分地理解到那在客体与主体之间必不可少的关系是对主体和客体如此的关键,以致这完全就是它们得以想象的条件;斯宾诺莎也因此将这种关系表现为在唯一存在的实体中的认知者和延伸者的同一性。

注释:我就利用这机会就这一节主要探讨的指出这一点:假如我在这论文的论述过程中为了简洁和为了更易懂,应用了现实客体这一用语,那我所指的就只是那些直观的、结合成了经验现实复合体的表象,但这复合体就其自身始终是观念性的。

§20 变易(形成)的充足根据律

在现在开始描述的对主体而言的一类客体中,充足根据律呈现为因果关系的法则,我称这样的法则为变易(形成)的充足根据律。 在这全部表象中表现出来的所有客体——这些构成了符合经验的现实的复合体——在其状态情形出现和消失方面，因而是沿着时间的走向方面，是由这变易的充足根据律互相连结起来的。 这根据律是这样的：在一个或多个现实客体的一种新状态出现时，在其之前必然存在着另一种状态，只要这另一种状态存在，那新的状态就会符合法则地、亦即一定会紧随而至。 这样的一种接续就称为一种随之发生的结果，第一种状态就称为原因，第二种状态则称为作用结果。 例如，假如一样物体燃起了火，那在这燃烧的状态之前，必然有一种这样的状态：1.与氧气的亲和关系；2.与氧气的接触；3.某一确定的温度。 既然只要这些状态是存在的，那直接接下来的必然就是着火，但也只有到了现在才随之发生了这着火的结果，那么，之前的那一状态就不会是一直存在的，而肯定只是现在才出现的。 这状态的出现，就称为变化。 因此，因果关系法则与变化是唯一、专有的关系，并始终只是与变化有关。 每一作用结果在出现的时候就是一种变化，并且，恰恰因为这在更早之前并没有出现，所以就肯定地指示了在这之前的另一种变化，而这之前的变化与现在这变化就是原因的关系，但与一个第三种的、同样是必然发生在这之前的变化的关系中，就称为结果。 这就是因果关系的链条：这必然是没有开始的。 据此，出现的每一个状态都肯定是出自一个在这之前所出现的状态，例如，在上述的情形里，由于自由热添加到一个物体上——这样的话，这个物体必然会升高温度——这自由热的添加又是由这之前的变化，亦即由太阳光线照射在反射镜上所造成的，这后者则例

49

42

如说是由一块云从太阳的方向移开所造成的，而这是由风所造成的，而风又是由空气的不一样的密度所造成的，而这又由其他的状态所造成，就这样一直无穷无尽。假如一种状态，包含了一种新的状态出现的所有其他条件规定，现在就只差一个条件规定了，那当这一规定现在、因而也就是最终出现的话，人们就会称这一规定为"典型的"原因。这样做虽然是正确的——只要人们在这方面有了最后的、在此确实是决定性的变化——但是，并不考虑这一点的话，那对在大体上查明和确定事物的原因连结来说，因果状态中的一个条件规定并不因为它是最后出现的，所以就优于和超过了其他的条件规定。所以，在上述的例子中，那云层的移开虽然可称为燃火的原因——只要这在发射镜对准了那物体以后发生；但是，这也可以在云层移开和容许氧气进入以后才发生，而容许氧气进入也同样可以在比这些更晚才发生：这样的偶然的时间规定就得在各方面定夺哪一个才是原因。但仔细考察一下，我们却发现那整个的状况，才是接下来的状况的原因，同时，其各个规定是在什么样的时间顺序集合起来的，从本质上来说是一样的。因此，就特定的某一情形而言，最后才出现的就某一个状态的规定，因为其将在这里所需要的条件数目凑完整了，亦即其出现造成了决定性的变化，所以，我们可以称其为"典型的"原因。但是，就总体上考察来说，也只有导致接下来的状态出现的那整个状况，才可以被视为原因。那不同的、个别的规定——只有在这些规定集合起来才可以完整构成原因——我们却可以称为原因的要素，甚至可称为诸条件，并因此将原因分拆为这一类东西。 但在另一方面，假如我们并不是将状况，而是将物体（或说客体）称为原因，那是相当错误的，例如，在上述的例子里，一些人会称那反射镜为燃火的原因，而另有些人则称云层，有些人称太阳，有些人称氧气为原因，如是并没有规则可言，就只是主观任意而已。 但说一样物体（客体）是另一样物体的原因，却是没有任何意义的，首先，是因为物体并不仅仅包含了形式和特质，而且也包含了物质，但这物质既不是生成的，也不会毁灭；其次，因为因果关系的法则就唯独与变化，亦即与状态在时间上的出现和退出有关，因为在时间上，因果关系法则控制着那种关系情形——在这方面，更早的状态称为原因，后来的状态则称为结果，而它们之间的必不可少的连结，则称为接续。

我在此建议深思的读者阅读我在《作为意欲和表象的世界》第 2 卷第 4 章，尤其是第 442 页及之后（在这一版本中第 744 页及之后）所给出的解释。 这是因为最重要的一点，就是我们对因果关系法则的真正的和本来的含义，以及其使用范围，有一清晰的和扎实的概念把握；亦即首先要清楚认识到：这因果关系的法则唯独只涉及物质的状态的变化，而与其他的绝对无关，因而其他的不应该被扯进来——假如所谈的不是变化的话。 也就是说，因果关系的法则是调节器：调节外在经验的对象物在时间上出现的变化，但这些对象物却都是物质的。 每一个变化都只能是由于在其之前的、依照某一个规则所确定了的另一个变化而出现的——而由于这另一个后者，那就必然导致和出现这一变化，这必然性就是因果的联结。

因果关系的法则因而就是如此的简单，但我们却发现在哲学教科书中，从最早开始一直到最近的时代，对这法则的表达通常都是相当的不同，亦即对其把握是抽象的、因而是泛泛的和不确切的。 人们大概会这样说：原因就是让另一样东西存在，或者，原因创造出另一样东西、让其成为真实，等等，正如沃尔夫早就说过的："原因就是另一样存在物的存在或者现实所依赖的原则。"但其实，在因果性方面，那明显就只涉及并非生成的和无法毁灭的物质的形式变化，而某一真正的生成，某样在之前从来不曾存在的东西进入存在，则是不可能的事情。 对因果关系的那些因袭的、空泛的、偏差的和错误的理解，虽然大多数是思维不清晰所致，但有时候在这背后肯定隐藏着目的，那也就是神学的目的：这从老远就已经与宇宙论证明眉来眼去，而这宇宙论证明也随时为讨好神学甚至歪曲先验的真理（这人类理解力的母乳）。 我们在托马斯·布朗的《论原因与结果的关系》一书中就至为清楚地看到这一点。 这书有460页，在1835年就印行了第四版，并自那以后估计又发行了数版。 除了他那些读来让人昏昏欲睡的、课堂上课式的冗长和繁琐以外，对其题材并不是处理得太差。 这位英国人相当正确地认识到：因果关系法则所涉及的始终就是变化，每一个作用结果因而就是一种变化；但原因也同样是一种变化，由此可以得出结论：那整件事情只是不 ⁵²曾中断的、将在时间上相继出现的变化串连起来的连结——但这却是他所不愿意明说的，尽管这是他不可能忽略掉的。 相反，他每一次都极其笨拙地将原因称为某一在变化之前的客体（东西）或者实体，并且，以这一完全错误的、时时有损他的分析的用语，在他的相当冗长的整整一本书中可怜巴巴地兜兜转转折磨自己，罔顾自己的良知——其目的唯一只是让其定义不会妨碍或许在别处和从其他人有朝一日提出来的宇宙论证明。但一个真理，要用这样的诡计从大老远为其扫平道路，那又该是怎样的一种真理！

而我们的善良、正直、将思想和真理看得高于一切的德国哲学教授们，康德在《纯粹理性批判》中给了宇宙论证明以致命的一击以后，又为那如此宝贵的宇宙论证明做了些什么呢？在那种情况下，那不错的点子当然是宝贵的，因为（他们——这些威仪凛然的人——知道这一点，虽然他们并不会说出来）"第一因"，与"自因"一样，都是一个自相矛盾的字词，虽然"第一因"比"自因"常用得多，并且，人们在说出这"第一因"时，往往是带着一脸严肃，甚至是一副虔诚的表情。事实上，不少人，特别是英国牧师，在他们带着加重语气和感动地说出"第一因"——这自相矛盾的用词——的时候，一副教诲的样子翻着白眼。他们是知道这一点的：第一因是无法想象的，就恰如空间尽头的那一处地方或者时间在开始的那一瞬间是无法想象的。这是因为每一个原因都是一个变化，而看到这一变化，人们就必然会探询那引致这一变化的更早之前的变化，就这样没完没了！甚至连物质的第一状态——亦即在这物质的第一状态不再存在的时候，一切后续的状态就从这第一状态而出——也是永远无法想象的。这是因为假设那第一状态本身就是随后的状态的原因，那随后的状态也必然是一直就已存在的了，因此，现在

53

的状态也就不是刚刚现在才有的。 但假如那第一次的状态只是在某一特定的时间才开始其因果关系的，那在那一时间，某些东西肯定是改变了那状态，那状态也就随着终止其静止状况了，但那样的话，肯定是另有了某些东西，在这之前发生了某一变化，那我们又得马上询问这变化的原因，亦即在这变化之前所发生的变化。 我们也就再度在原因的梯级上，被无情的因果关系法则鞭打着越加往上追溯，直至无穷！（这些先生大概不会不知羞耻地跟我谈论物质本身是从无中生成的吧？ 在接下来的论述中，还有推论准备伺候他们呢。）因果关系法则因此并不是那么讨好的，就像一辆载人马车那样任人使用，到达我们想去的地方以后，就可以打发掉。 那更像是由歌德笔下的魔法师学徒整活了的扫帚：一旦活动了起来，其跑动和取水就不会停止，以致只有那老魔法师自己才有能力让这扫帚停顿下来。 但这些先生却无一例外都不是老魔法师。 那他们做了些什么呢，这些真理的高贵的和真诚的朋友，这些时刻就只关注着在他们的专业中有人所作出的成绩和贡献，以便一旦这些成绩和贡献显示出来，就会向世人宣布的人？ 这些人，假如一个真正这样的人、一个他们只是认为自己就是如此的人出现了，那他们并不就是想要以狡猾的沉默和阴险封杀来扼杀其著作，而是巴不得马上成为他那些成绩的发布者，这是肯定的，正如众所周知的，缺乏理解力的人热爱理解力是甚于一切的。 那他们为他们的老朋友，那被步步紧逼、事实上已是推翻在地了的宇宙论证明，做了些什么呢？ 啊，他们想出了一个精巧的点子："朋友"，他们对它说，"你的处境相当的糟糕，自从你与柯尼希堡那顽固老头发生了致命冲突，那就非常糟糕，一如你的兄弟——那本体论的和物理神学的证明——的情形。但放心，我们不会因为这样而抛弃你的（你知道，我们是为此而获得酬劳的），不过——这没有别的办法——你必须改换名字和着装，因为假如我们直呼你的名字，那所有人都会跑掉的。但隐匿身份的话，我们就挽着你的手臂，再度带你见人。不过，正如所说的，你必须隐匿身份！这是可行的！因此，首先，你的题材从现在开始就挂上"绝对"的名称：那听起来高尚和高雅，有异国风味，而摆出一副高雅的气派，在德国人当中就可以造出巨大的效果，我们是知道得最清楚的。这所指的意思，每一个人的确还都是明白的，并自以为在这方面是聪明的。但你自己必须打扮成一个省略三段论现身。也就是说，你习惯用以拉着我们费力登上长长高潮的所有前后三段论和前提，都要乖乖地留在家里，因为人们都知道那是没有丁点用处的。但只要你自视甚高地大胆、傲慢地走出来，就像一个话语不多的男人一样，那你就一下子达致你的目标："绝对"，你呼叫着（我们也附和着），"那就是的了！见鬼吧！否则那就什么都不是的了！"（在此你要一拳头砸在桌子上）那"绝对"是从哪里来的呢？"愚蠢的问题！我不是说了，它就是绝对吗？"——这是可行的，我保证，这是可行的！德国人习惯了将字词接受为概念思想：他们难道不是从青少年开始就被我们训练成这样子的吗？只需看一看那黑格尔货色，除了空泛的、同时也是让人恶心的字词垃圾以外，还是别的什么吗？但这个搞哲学的部长奴才，他的职业生涯却是多么的光彩辉煌！就只需几个可被收买的家伙唱起和定调那些拙劣者的名声，他们的声音就会在千百个愚蠢脑壳中引起直至现在仍在回荡着和扩展着的回响。 看看吧，一个头脑平庸者，事实上，就是一个平庸的江湖骗子，却是多么快就被塑造成了一个伟大哲学家。 所以，鼓起勇气吧！ 此外，朋友和资助人，我们会在其他方面支持你，因为没有了你，我们又如何生存？ 假如那柯尼希堡的吹毛求疵的老人，批判了理性和剪断了其羽翼——那好！ 我们就发明出一样新的理性，某样至今为止没有人听闻过的东西，一样并不是思维的、而是直接直观的理性，这理性直观理念（一个高雅的字词，是为神秘化而制造出来的），真实的理念；或者，这理性获悉那理念，直接地获悉你和其他人想要先予以证明的东西；或者，对那些只承认一点点、但也只能以这一点点凑合的人，这理性预感到那些理念。 那在早年就灌输给我们的大众概念，就被我们冒充为我们这新的一种理性的直接灵感，亦即来自上面的灵感。 但那古老的、已被批判了的理性，我们就降级它，称其为理解力，把它打发掉了事。 那真正的、名副其实的理解力怎么办？ 这真正的、名副其实的理解力，与我们又有什么关系呢？ 你笑了，对此感到难以置信，但我们可是认识我们的公众和坐在我们面前长凳上的年轻学子。 培根不是早就说过："在大学里，年轻人就学会了相信。"他们尽可以从我们这学到很可观的东西！ 假如你感到沮丧，那就只需想到：我们是在德国，在此，我们可以弄成一样在别的地方是绝不可能办到的事情，亦即可以将一个没有精神思想的、没有知识的、乱写一气那些荒谬东西的、用前所未有的空壳字词将学生的头脑从根本上和永远地弄得混乱不堪的假冒哲学家——我指的是我们那可敬的黑格尔——吹嘘成一个伟大和深刻的思想家，甚至不会受惩罚，也不会被人嘲笑；相反，他们会对此真心相信，自三十年来就相信这一点，直至今天！因此，虽然有了康德和《纯粹理性批判》，但只要我们有了你的帮助和那"绝对"，那我们就是安全的。然后，我们就可以高高在上地进行哲学论辩，从那同一个的"绝对之物"中，借助于各式各样的、其相互之间也是相似雷同的、其单调乏味相当折磨人的演绎而推论出这世界。我们把这世界名为"有限之物"，那"绝对之物"就是"无限之物"，而这不过又给出了词语垃圾的一个令人高兴的变种，谈论的始终就只是上帝，解释上帝是如何、为什么、出于什么目的、因何、通过什么主观任意的或者非主观任意的程序创造出或者分娩出这一世界；上帝是否在这世界之外，抑或在这世界之内，等等等等；似乎哲学就是神学，追求的不是对这世界的解释，而是对上帝的解释。

那上面的呼语所涉及的和我们在此所要讨论的宇宙论证明，其实就是这样的断言：变易的根据律，或说因果性法则，必然导致一个思想，而这思想就会废除这根据律自身并宣告这根据律为无效。这是因为要达致那第一因（绝对之物），我们就只有通过从结果到根据（原因）的追溯，一个任意长度的系列，但人们是无法在不宣告这根据律无效的情况下达致这第一因的。

在我现在这里简明和清晰地阐明了宇宙论证明的无效以后，就像我在第 2 章也阐明了本体论证明的无效，感兴趣的读者或许会希望看到我也对那看上去有着多得多的可能性的物理神学证明提供必要的论述。不过，这放在这里是完全不适宜的，因为其题材属于哲学的一个完全另外的部分。因此，我建议他们首先阅读康德的著作，无论是《纯粹理性批判》，还是康德根据计划写的《判断力批判》；还有作为对康德的纯粹否定性做法的补充，我建议大家阅读我在《论自然界的意欲》中的肯定性做法。这《论自然界的意欲》篇幅很小，但在内容上是丰富和极具分量的。至于那些对此不感兴趣的读者，他们尽可以将这部著作和我的所有著作原封不动转给他们的后代。我对此并不怎么在意，因为我并不是为一代人、而是为许多代人存在的。

　　既然因果关系的法则，正如在下一章节所要证明的，是我们先验意识到的，因此是一个先验的法则，适用于任何一切可能的经验，因而是无一例外的；再者，既然那因果关系法则决定了在有了一个确定的、相对来说的第一个状态以后，第二个同样是确定的状态必然会根据规则，亦即随时会接踵而至，那么，原因与结果的关系就是必然的关系：因此，因果关系的法则让我们有理由做出假设判断，并以此证明就是充足根据律的一种形式，一切假设判断都必须以此为支撑，而一切必然性，正如我们后面所要表明的，都是建基于此。 57

　　我将我们这根据律的形式名为变易的充足根据律，因为其应用无论在任何情况下都是假定了一种变化，假定了出现一种新的状态，因而是假定了一种变易。其本质性的特征还包括：原因总是——就时间而言——走在作用结果之前（参看 §47），并只有通过这一点才可以原初地认出由因果联系连结起来的两者中，哪一个是原因和哪一个是作用结果。 反过来，在某些情形中，其中的因果联系我们从更早时候的经验就知道了，但那些状态的接续却是如此的迅速，以致那接续是我们感知不到的——在那些情形里，我们还是可以完全确定地从因果性中推断出其相继性。 例如，我们推断出点着了火药是在爆破之前。 有关此话题，我建议大家阅读《作为意欲和表象的世界》第 2 卷第 4 章第 41 页（这一版本第 743 页）。

从这因果性与接续性的这种本质性的关联，就又可以再度得出结论："相互作用"的概念，严格来说，是无意义的。 也就是说，它假定了作用结果同时也是其原因的原因，亦即这接续下来的，同时也是在这之前存在的。 我在《作为意欲和表象的世界》之附录"康德哲学批判"第 2 版第 517—521 页中详尽阐明这一经常使用的概念是不能接受的。我建议大家阅读这些阐述。 人们可留意到：那些作者在其观点开始变得模糊的时候，一般就会利用这一概念，也正因此，这一概念的使用是如此的频繁。 事实上，一个写作者在其思想概念捉襟见肘的时候，就再没有任何一个字词比"相互作用"更加殷勤地出现，因此，读者甚至可以将之视为某种警示，显示出作者已是在那深潭中挣扎。 也值得说明一下："相互作用"一词唯独是在德语里才有的，在其他语言里并没有常用的对应词。

从因果关系法则，可以得出两条重要的推论，这些推论也由此被确认为是先验的知识，因而是毋庸置疑的和不会有任何例外的。 那也就是惯性法则和物质恒存法则。 惯性法则意味着：每一种状态，因而一样物体无论是静止还是运动，都必然是不变地、不增不减地持续下去，甚至历经无尽的时间——假如没有某一原因出现和改变了或者取消了这一状态的话。 但那表达了物质的永久特性的物质恒存法则，却是从这点推论出来的：因果关系的法则就只涉及物体的状态，亦即只涉及物体的静止、运动、形式和质量，因为这法则主管着在时间上的形成和消灭，但却根本不曾涉及这些状态的承载者的存在，因为这些承载者，人们为了表示其不受生成和毁灭的影响而给予了"实质"（或"实体"）的名称。"实质是恒存的"，这意思是它既不会生成，也不会毁灭，所以，其在这世界上存在的份额是永远不会增多也不会减少的。 至于我们先验地知道这一点，我们所意识到的、对这些毫不动摇的确信可予以证明：每一个人虽然看到一样既定的物体消失了——不管那是使用骗人的花招，抑或通过分解、焚烧、蒸发和通过除此以外的哪一种程序——但我们都会坚定地假定：那物体的实质，亦即物质，无论变换了何种形式，必然是分毫不减地存在，肯定会在任何某一别的地方找到；同样，假如一样这之前不曾存在的东西出现了，那这东西就肯定是从某处带过来的，或者是由看不见的细小部分，例如通过沉淀而凝固成具体的东西，但却永远不是——就其实质而言——生成的，因为那隐含了完全不可能的意思，是绝对无法想象的。 我们在先验断定这一点时所带有的确信，源自我们的理解力完全缺乏一种形式用以思维物质的生成或者消灭，因为因果关系的法则——这是唯一让我们能够思维变化的形式—— 59

就只涉及物体的状态，而根本不曾涉及那一切状态的承载者——亦即物质——的存在。 这就是为什么我提出物质恒存的原则是从因果关系法则所得出的推论。 我们也根本不能够后验地达致确信物质是恒存的，一是因为在大多数的情形里，事实或说实情是不可能在经验中查明和核实的；二是因为每一个源自实践经验的、单纯只是通过归纳法而获得的认识，永远只有大约的、因此是不确定的、而绝对不是无条件的可靠性。 正因此，我们对上述原则的确信，与对某一从实践经验中发现的大自然法则的准确性的确信，两者的确切可靠性在性质上是相当不一样的，因为前者另有一种完全是不可动摇的、永不摇摆的坚定性。 这恰恰是因为上述的原则表达了一种先验的认识，亦即这样的一种认识：先于一切经验就可界定和确定在一切经验中可能的任何一样东西。 但这样的认识也就正以此将那经验世界贬低为一个单纯的脑髓现象。 甚至在所有其他种类的自然法则中最普遍的和最没有例外的，亦即引力的自然法则，也已经有着实践经验的源头，因此并不能担保其普遍性。 所以，引力也不时地受到争议，也不时地产生这引力是否也适用于太阳系以外的疑问。 事实上，不乏天文学家会强调那偶尔发现的这方面迹象和证明——而这就暴露出了他们只是从实践经验中看待引力的。 人们确实可以提出这一问题：由绝对真空相隔开的两个物体之间，是否还有着引力？ 或者，这引力是否在一个太阳系范围里面，例如通过以太的媒介而达成，并因此在恒星与恒星之间就无法发挥作用？ 但这些问题也只有在实践经验中得到确定。 这就证明了：我们在此所涉及的并不是先验的认识。 在另一方面，假如我们根据其很大的可能性而认定：每一个太阳系是通过一个混浊世界的星云逐渐冷凝，并在这之后根据康德和拉普拉斯的假设而形成的，那我们却不会在任何一刻想象到那些原初材料会从无中生成，而是不得不假设其粒子是在这之前就已经在某处存在，现在就只是组合起来而已，这恰恰就是因为物质恒存的原则是一条先验的原则。 至于此外，实质只是物质的同义词，因为实质的概念就只能在物质那里实现，并因此是源自物质——这我在我的《康德哲学批判》(第 2 版第 550 页及后面)中已经详尽阐述，并且也特地指出那"实质"的概念是如何仅仅只是为了某种欺骗生造出来的。 物质的这种先验确切的永久性(被称为物质的恒存性)就像许多其他同样可靠的真理一样，对哲学教授来说就是禁果，因此，他们也就胆怯地偷偷侧视着，蹑手蹑脚地从这旁边绕过去。

那无尽的因果链条引导着一切变化，但却永远不会超越这些变化的范围，也正因此，在这链条中，有两样东西是不受影响、不为所动的：一是正如上述的物质；二是原初的自然力。 物质，那是因为它是一切变化的承载者，或者，是变化发生的所在。 自然力，是因为借助于这些自然力，那变化或说作用结果才成为可能；自然力首先给予因果性——亦即发挥作用的能力——以原因，因此，原因是从自然力那里就像获得封地一样地具有了这作用的能力。 原因和结果是在时间上连结成必然接续的变化；而自然力—— 一切原因都是借助于这自然力而发挥作用——却是在一切变易之外的，因此在这一意义上是在一切时间之外的，但也正因此，总是无所不在和永不枯竭，一旦在因果性的引线上出现机会就随时外现。 原因，正如其结果那样，总是个别、单一的，是单一的变化，而自然力则是一种普遍的、不变的、在任何时候和在任何情况下都存在的力。 例如，琥珀现在吸引着絮状物，是作用结果，其原因是在这之前的摩擦和现在的靠近琥珀，而在这过程中活动的、主导着这过程的自然力就是电力。 对这事情的透过详细例子给出的说明和解释，大家可以阅读《作为意欲和表象的世界》第 1 卷 §26 第 153 页及后面（这一版本第 196 页）——在那里，我通过一长串的因果链条展示了：在这里面，各种不同的自然力是如何相继显现和相互起作用。 以此方式，原因与自然力、稍纵即逝的现象与永恒的活动形式之间的差别就变得非常明白易懂。 既然在那里，整个 §26 都是探讨这一问题，那在这里只需简短陈述这事情就足够了。 一种自然力在沿着因果链条的现象方面所遵循的规范，亦即将自然力与这因果链条上的现象连结起来的纽带，就是自然法则。 但将自然力与原因相混淆却是常见的事情，对清晰的思维是有害的。 看上去，在我之前，这些概念就从来不曾纯净地分开过，虽然那是至为迫切需要做的事情。 自然力不仅被弄成了原因，因为人们说，那电力、那重力就是原因等等，而且还被他们的不少人弄成了结果，因为他们探究那电力、重力等的某一原因，而这是荒谬的。 但通过把一种自然力还原为另一种自然力以减少自然力的数目，例如在我们当代将磁力还原为电力，那却是另一回事。 但每一种货真价实的、因而是真正原初的自然力——而每一种化学的根本特性也属于

此——本质上也就是一种"隐秘的性质",亦即人们无法对此予以任何
物理学的解释,而只能从形而上学、亦即从超出现象之外的方面作出解
释。 在将自然力与原因混淆或者说等同的方面,没有人比曼恩·德·
比朗在《对物理学与道德学的关系的新考察》中走得更远,因为对这关
系的论述是其哲学的关键性部分。 但与此同时值得注意的是,在他说
起原因的时候,几乎从来不只是用"原因"一词,而是每一次都说到
"原因或者力",就正如我们在上面§8看到斯宾诺在同一张纸上写了8
遍"理性的原因"。 也就是说,这两个作者都意识到了将两个不同类的
概念视为相同,目的就是能够根据情况而一会儿提出这一个概念,一会
儿又强调另一个概念;为此目的,他们就迫不得已让读者时刻将这两个
概念视为相同。

因果性,这一切变化的指挥者,在大自然中就显现为三种不同的形
式:最严格意义上的原因、刺激和动因。 在无机物、植物和动物之间的
真正的和本质性的差别,也正是基于这所说的差别,而不是基于外在解
剖上的或者化学上的特征。

最狭义上的原因,就是说在这原因之后,就只在无机体王国中随之
发生变化;这些作用结果,也就是力学、物理学和化学的题材。 牛顿的
第三定律,"作用力和反作用力是彼此相等的",唯独只适用于原因;这
意味着:在这之前的状态(原因)遭受了某一变化,而这变化与其所引起
的变化(结果),是大小相等的。 此外,也只有在因果性的这种形式,结
果的程度与原因的程度总是精确吻合的,以致从原因就可计算出后者,

反之亦然。

因果性的第二种形式是刺激：它主导着有机体生命，亦即植物性生命，因而是主导着动物性生命的没有意识的部分，而这没有意识的部分

63 的确恰恰就是一种植物性生命。这第二种形式的特点就是没有第一种形式的特征。所以，在这里，作用与反作用彼此是不相等的，结果的强度和力度也一点都不会在等级方面紧随这原因的强度和力度。更准确地说，由于原因的加强，甚至会导致相反的结果。

第三种因果性形式就是动因：以这一形式，动因引导着真正的动物性生命，也就是引导着行为，亦即外在的、伴随着意识而出现的行动。动因的媒介是认知，对动因的敏感性因而需要某种智力。因此，动物的真正特征就是认知、头脑中产生出的表象和设想。这样的动物每次都是根据一个目的或目标而活动，因此，必须认识到这目的或目标，亦即这目标必须向这动物表现为某样与其本身不同的、但却是这动物意识到的东西。所以，动物应被定义为"能认知之物"，再没有任何其他的定义能切中其本质性的东西了，甚至或许没有任何一样其他的定义是无懈可击的。没有了认知，那也就必然一并没有了随动因而动；然后，剩下的就只是随刺激而动，亦即植物性生命。应激能力和情感能力是不可分的。但一个动因的作用方式与一种刺激的作用方式是明显不同的：也就是说，动因的作用是非常短暂的，甚至动因只需要瞬间的时间，因为动因的有效性并不像刺激那样与其持续时间、与对象物的距离及诸如此类有着一定的关系。一个动因要发挥作用的话，就只需要被

感知得到。 而刺激则需要接触得到，经常甚至是摄取和吸收才可产生作用，但每次都需要一定的持续时间。

　　对这因果性的三种形式的简短陈述在此已是足够的了。 至于这方面的详细描述，读者可阅读我的获奖论文，《论意欲的自由》（《伦理学的两个根本问题》第 30—34 页；第 2 版第 29—33 页）。 只有一点是要在这里着重申明的。 原因、刺激和动因的差别很明显是存在物的敏感性程度的结果，这敏感性程度越大，那作用的方式就越容易：一块石头必 64 须受到撞击才会动，人则只需一个眼色就会服从。 但两者都会被一个充足的原因、因而是以同样的必然性所推动。 这是因为动因作用只是透过认知的因果性：智力是动因的媒介，因为智力是得到了最大提升的敏感性。 但经过这一方式，因果关系的法则却绝对没有失去点点的可靠性和精确性。 动因就是一个原因，其伴随着一切原因都带有的必然性发挥作用。 在动物那里，因为其智力是简单的，因而就只提供对现时此刻的认知，所以，那种必然性是轻易可见的。 人的智力是加倍了的：人除了直观认知以外，还有抽象的认知，而这抽象的认知并不是与现时此刻固定连结在一起的；也就是说，人是有理性的。 因此，人具有带着清晰意识做出选择的能力。 也就是说，他可以将彼此排斥的动因互相衡量比较，亦即试探那些动因对其意欲的威力，然后，威力最强的动因就做出了决定，他的行为也就随之发生，所伴随着的必然性与圆球受到了撞击而滚动的必然性是一样的。 意欲的自由意味着（并不是哲学教授的那些字词垃圾）"一个特定的人，在一特定的情况下，是有可能做出两种不同的行为的。"至于这样的宣称是十足的荒谬，则是一个经过可靠和清晰证明了的真理，正如任何每一个超出了纯粹数学地盘的真理一样。 人们可在我那获得挪威科学院褒奖的论文《论意欲的自由》中，读到我对这上述真理最清晰、最透彻、最有条理的阐述，并且还特别考虑到了自我意识中的事实，而无知的人则误以为自我意识中的事实证明了上述荒谬宣称是对的。 但就其主旨而言，霍布斯、斯宾诺莎、普利斯特里、伏尔泰，甚至康德[1]也已经教导这同样的东西了。 但这当然并不会妨碍我们的可尊敬的哲学教授相当无拘无束地、就好像什么事情都不曾发生似的谈论意欲的自由，把这当作是一桩既定的事实。 但这些先生认为上述的伟大人物，由于大自然的恩惠来到了这世上，其目的到底是什么呢？ 为了让这些先生能够以哲学谋生，是不是？ 但是，当我在

65

---

[1] "无论人们以形而上学的目的对意欲的自由有着什么的概念，但这意欲自由的现象，人的行为，一如每一个其他的自然事件，都是由普遍的自然法则所规定。"（《从世界公民的目的关于一种普遍历史的观念》开首）

"在现象中的人的一切行为，都是出自其验知的性格和由遵循大自然秩序一同作用着的其他原因所规定了的：假如我们能够对一切现象透彻探索了其主观选择，那就没有哪怕是一样人的行为，是我们不能精确地预知和从这之前的条件就可认识到是必然地发生。因此，就这验知性格而言，并不存在任何的自由，我们也只能根据此验知性格来考察人——假如我们仅仅是考察人，就像在人类学中所发生的那样，仅仅只是从人的行为，在生理学上探究其推动原因的话。"（《纯粹理性批判》，第 1 版第 548 页和第 5 版第 577 页）

"所以，人们可以承认：假如可能的话，我们能够对一个人无论是在内在的还是在外在的行为表现出来的思维方式有一深刻的了解，以致每一个行为动力——哪怕是最微不足道的动力——还有那所有对这动力发挥作用的外在情势，都是为我们所知的，那我们就能确切可靠地预测这个人在将来的行事，就像我们能确切可靠地计算出月蚀和日蚀一样。"（《实践理性批判》，罗森克兰茨版第 230 页和第 4 版第 177 页）

我的获奖论文里把这事情阐述得比以往任何时候都更清楚之后，并且在一个皇家科学院给予了赞同、将这论文收进了科学院的备忘档案的情况下，那些先生，以上面所指出的意识和观点，必然有责任抵制和最透彻地反驳我的这样一种有害的错误理论和无耻的异端邪说。 他们尤其应该这样做，因为我在那同一卷（《伦理学的两个基本问题》）中，在那篇《论道德的基础》的应征论文里，无可辩驳地和清晰地证明了康德的66《实践理性批判》及其绝对命令——那些先生将这些名为"道德法则"并用作他们的平庸道德体系的基石——是完全缺乏根据的和空洞的设想，以致任何一个人，哪怕还有着点点的判断力，读了我这证明以后，都不会再相信康德的那种假定。"他们或许这样做了！"他们会小心不踩到薄冰层上的！ 沉默，不要作声，那是他们的全部能力所在和他们对抗思想、理解力、认真和真理的手段。 自 1841 年以来，在所出现的他们的无用和泛滥的出品中，没有任何一个出品哪怕是只言片语地提到了我的伦理学，尽管这毫无争议是自从 60 年以来在道德学中至为重要的著作。 确实，他们对我和我的真理是如此的惧怕，以致没有任何一本由大学和学院发行的文献刊物中的书哪怕只是提到了我。"小声点！ 小声点！"不要让公众对此有所察觉，这就是和永远是他们的整套策略。当然，这些聪明做法的根源，是自我保护的本能。 这是因为一种向着真理、别无旁骛的哲学，处于有着千百种考虑和计算与由因其良好的思想态度才有了这方面资格的人所撰写的体系当中，难道不是要在黏土罐子中扮演铁制罐子的角色吗？ 他们对我的著作的可怜的恐惧，就是对真理的恐惧。 确实，这有关一切意欲行为的必然性的学说与他们随意的、根据犹太教所剪裁的妇人哲学的全部设想形成了刺眼的矛盾，但是，我那经过严格证明的真理非但不会被其推翻，相反，那作为一个可靠的事实、一个基准点，作为真正的"撬起整个地球的一个支点"，会证明那整套的妇人哲学是空洞无物的，也证明了有必要形成一种从根本上是别样的、对这世界和人的本质深刻得多的观点，而这样的一种观点是否能够通过哲学教授的权限，那对于我是无所谓的。

§21　因果性概念的先验性　经验直观的智力性　理解力

在哲学教授所教的教授哲学中，人们仍然发现说：对外在世界的直观是感官的事情；然后，就是对五种感官中的每一种进行冗长和宽泛的论述。 相比之下，对直观所具有的智力性质，亦即直观基本上就是理解力的作品，人们却只字不提。 这理解力通过为其所特有的因果关系形式以及在这之下的纯粹感官敏感性的形式，亦即时间和空间的形式，从感官中某些感觉的粗糙素材中首先制造出这客观的外在世界。 但对这事情的要点，我在这一论文 1813 年第 1 版中已经提了出来，并很快在这之后的 1816 年，在我的《论视觉和颜色》中充分地论述了。 而对此论述，维也纳的罗萨教授也表达了赞同，因为罗萨教授忍不住抄袭了这一论述。 对此更详细的描述，大家可参阅《论自然界的意欲》第 19 页（第 2 版第 14 页）。 相比之下，那些哲学教授却对这一论述以及其他的重要真理却是毫不理会，而展示和阐明这些真理，以便人类永远地掌握它们，却是我整个一生的任务和工作。 这真理并不符合他们的口味，对他们来说来得不是时候，并不会导向任何的神学，事实上一点都不是着眼于为了最高的国家目标所应有的学生训练——一句话，他们并不愿意从我这学到东西，也无法看出他们会从我这里学到非常多的东西，亦即他们的孩子、孙子和曾孙子将从我这里所学到的一切。 他们就坐在讲台上，洋洋洒洒、长篇大论某一形而上学，为公众添加其原创的思想。 假如有了手指也就有了资格做这事情，那他们是有资格的。 但马基雅维利这话的的确确是说对了（正如在他之前，赫西俄德，293，就已经说过的）："按照头脑可分为三种人，第一，是那些对事情有着自己的见识和理解的人；然后是那些能够认出何为正确的东西的人——假如别人将这些东西展示给他们的话；最后就是并没有能力做出上述两者的人。"（《君王论》，第22章）

68

　　一个人肯定是被所有神灵都抛弃了才会误以为：那外在的直观世界，填充着三维空间，在严格、无情的时间进程中前进，每走一步都受到没有例外可言的因果性法则的安排，在所有的这些方面却只遵循着那些我们在获得一切经验之前就能够确定的法则——这样的一个世界，是完全客观实在地、在并没有我们参与和帮助的情况下在外在存在着；然后，却通过单纯的感官感觉而进入到我们的头脑里面；那在这之后，这世界就像在外在世界一样再度存在于头脑中。 这是因为单纯的感官感觉却是多么微薄、寒酸的东西！ 就算那最高贵的感觉器官，也不过就是一个狭隘的、专门的、在其特性范围之内能够作出些许变换的、就其自身而言却始终就是主观的感觉，而这样的感觉，是不会包含任何客观的、相似于一个直观的东西。 这是因为每一种感觉，都是和始终是机体自身的事情，作为这样的东西就是局限于这皮肤之内的地盘，因此就其自身是永远不会包含在这皮肤之外，亦即不会在我们之外的任何东西。 那感觉可以是令人愉快的或者让人不快的——那说明了其与意欲的一种关系——但在感觉里并没有什么客观的东西。 在感觉器官中的感觉，由于神经末梢的融汇而提高了，因为那神经末梢的伸展和薄薄的覆盖，那感觉轻易就由外在的东西刺激起来，并且特别会受到某一专门的影响，例如光亮、声音、气味。 但这些感觉也就只停留为感觉而已，一如每一样在我们身体内在的感觉，因而也就只是某些本质上主观的东西，其变化直接单纯以内在感觉的形式、因而唯独是在时间上，亦即接

69 续地抵达意识。 只有在理解力——那并不是单个脆弱神经末梢的一种功能，而是那如此巧妙和神秘建构起来的重约3磅、例外的则重至5磅的脑髓的一种功能——活动起来，并运用其唯一的形式，因果性法则，那才发生有力的转变，因为从那主观的感觉就形成了客观的直观。 也就是说，理解力由于其自身独有的形式，亦即先验地，亦即在所有经验（因为这些经验在这之前还是不可能的）之前，将既定的身体感受理解为某种结果（这一字词，只有理解力才懂），而这样的结果，必然是有一个原因的。 在同一时间，理解力会借助于那同样存在于智力、亦即事先确定存在于脑髓的外在感官的形式，空间的形式，以便将那一原因转移

至机体的外面——因为只有以此方式，才会对他形成外在的一面，其可能性恰恰就是空间——以致先验的纯粹直观必须给出经验直观的基础。在这一过程中，正如我很快就会更仔细展示的，理解力借助于既定感觉的所有的，甚至是最细微的资料，以便在空间中建构出与这些感觉相一致的这些感觉的原因。 这（但这可是在谢林1809年的《哲学文集》第237、238页中，同样在菲利斯的《理性批判》第1版第1卷第52—56页和第290页中被明确否认的）理解力的运作却不是推理的、反省思维的、在抽象中借助于概念和字词而进行的运作，而是一种直觉的和完全直接的过程。 这是因为唯有通过理解力，因而是在理解力和对理解力而言，那客观的、实在的、以三维填充着空间的物体世界才呈现出来，然后在时间中，遵循着同样的因果性法则而继续变化和在空间中运动。因此，理解力自身必须首先塑造那客观的世界，而不是这世界在预先塑造了以后，透过感官和其器官的开启而大摇大摆地进入头脑。 也就是说，感官提供的不外就是粗糙的素材。 理解力首先借助于所说的简单 70 形式，空间、时间和因果性，将这些素材修改和整理成对一个符合规则、有其规律的物体世界的客观看法。 因此，我们的日常经验直观是一种智力性的直观，这直观应有这一称谓，而德国的那些哲学上的吹牛者却把这一称谓给予了一种所谓的对梦寐以求的世界的直观——在这梦寐以求的世界中，他们所喜爱的"绝对之物"进行其演化。 我现在就要首先更进一步地证明感觉与直观之间的巨大鸿沟，因为我要展示那美丽的作品是从多么粗糙的素材产生出来的。

真正说来，为客观上的直观服务的，只有两种感官功能：触觉和看视。 这两种感官功能仅仅只是提供资料：在这些资料的基础上，理解力通过上述程序形成了客观（客体）的世界。 另外三种感官功能基本上是主观的，因为其感觉虽然表明了一个外在的原因，但却没有包含任何资料可以确定这原因的空间的状况。 但空间可是一切直观的形式，亦即那种唯一能让客体真正表现出来的理解形式。 因此，那另外的三种感官功能虽然能够有助于我们宣布那已经从其他途径知晓的客体此刻的存在，但在其资料的基础上，却无法完成任何空间的构建，因而无法塑造出任何客观（客体）上的直观。 从玫瑰的气味，我们是永远无法构建出玫瑰的，而一个盲人可以一辈子听音乐，但却无法获得有关音乐家或者乐器，或者空气振动的最丁点的客观直观。 相比之下，听觉作为语言的工具却有很高的价值，听觉因此是理性（Vernunft）的感官，而理性的名字甚至由"听闻"（Vernehmen）一词而来。 其次，听觉作为音乐的工具，是音乐唯一的方式，并不仅在抽象里，而且直接地，亦即具体地去了解那复杂的数字关系。 但音调却永远不是指示了空间的状况，因而不是引往它的原因的情况，相反，我们就只停留在这音调本身，所以，音调并不是那要构建客观世界的理解力的任何资料。 只有触摸和观看的感觉才是这方面的资料。 因此，一个盲人没有手、脚的话，虽然也能够先验地构建起合乎规则的空间，但对于客体世界，却只得到一个非常不清晰的表象。 但触摸和观看所提供的，仍然一点都不是直观，而仅仅只是粗糙的素材，因为在这些感官感觉中并不存在多少表象，以致这些感觉与透过这些感觉表现给我们的事物性质并没有多少相似性，正如我马上就会展示给大家的。可是，人们在此必须从在直观中理解力所添加了的东西里面清楚剔出真正属于感觉的东西。这在开始时是困难的，因为我们已如此习惯了从感觉马上转到其原因，以致这原因呈现给我们了，而我们却不曾留意到感觉本身，而这感觉在此就好比是为理解力所作的结论提供了前提。

确切地说，首先，触摸和看视各自具有其特有的优势，因此，它们之间是相互支持的。观看并不需要任何的接触，甚至不需要近的距离：观看的范围是无可测量的，可一直抵达至星体。此外，观看感受到光亮、阴影、颜色、透明性的最细微差别，因而为理解力提供了大量细腻、确切的资料。从这些资料，理解力就根据所得到了的练习建构起物体的形体、大小、远近和特性状况，就马上直观地呈现出来。在另一方面，触摸虽然与接触紧密连结在一起，但却给出了如此确定无疑的和多方面的资料，以致触觉就是最透彻的感官。视觉的感知最终也还是要与触觉联系起来；事实上，观看可被视为一样并不完美，但却能达致远处的触摸：这触摸应用了光线作为长的触条。正因此，视觉会容易受到假象的欺骗，因为视觉是相当局限于透过光亮媒介的特性，因而是片面的；而触觉则提供完全直接的资料以认知大小、形体、坚硬性、柔软性、干燥性、潮湿性、光滑性、温度等等。在这过程中，也部分地透过手臂、手和指头的形态和灵活性而获得了帮助：在触摸时从其位置（姿势），理解力就提取资料以便在空间中建构起这一物体，部分是透过

72

肌肉力量：借助于此，理解力就认知到了那物体的重量、强度、韧性或者易碎性。 所有这些都很少假象的可能性。

尽管所有这一切，这些资料却还绝对给不出任何的直观，相反，这直观始终是理解力的工作。 假如我用手按压着桌子，那在我由此获得的感觉里，完全没有有关这团块部分的坚固内聚性的表象看法，也没有任何与此相似的东西。 只有在我的理解力从手的感觉转到那按压桌子感觉的原因时，理解力才会建构起一个有着坚实性、不可穿透性和硬性特质的物体。 假如我在黑暗中将手放在一个平面上，或者抓住一个大概直径 3 寸(Zoll)的球体，那在这两种情形里感受到压力的是手的同一个部分；仅仅只是从我的手在这两种情形里所取的不同位置（姿势），我的理解力就建构起物体的形体：与其的接触就是产生那感觉的原因，这通过我变换接触点而得到证实。 假如一个天生的盲人触摸一个立方形的物体，那他手的感觉在这过程中是相当单一的，并且在各个面和各个方向都是同样的。 那棱角虽然挤压了他的手的一小部分，但在这些感觉里，却完全没有任何与一个立方体相似的东西。 但从那感觉到的阻力，他的理解力会直接和直觉地推断出那阻力的原因，这原因现在就恰恰因此而表现为坚固的物体；并且，透过在触摸时他的手臂所做的运动，而与此同时那手保持着同样的感觉，他就在他先验意识到的空间中建构出物体的立方形的形体。 假如他不是已经具有了对一个原因和一个空间连带其规则的表象，那从他手里的那些相继出现的感觉，是永远不会产生出一个立体性图像的。 假如一条绳子从他合起来的手中穿过，那他会建构起一个长长的、圆条形状的、向着一个方向单调运动的物体作为其原因。 但从他手里的那些感觉，他是永远产生不出那运动的表象，亦即有关那通过时间而在空间中改变地点的表象，因为大概这样的东西不会包含在这感觉里面，那些感觉也不会在任何时候独自可以产生出这样的东西。 其实，他的智力必须在一切经验之前就在其自身带着对空间、时间以及所伴随的运动的可能性，还有对因果性的表象，以便从只是经验中的感觉转移到这些感觉的原因，然后将这样的原因建构成一个如此运动着的、有着那所说的形体的物体。 这是因为手中单纯的感觉，对因果关系、物质性和通过时间达成的在空间中的运动的表象，这两者之间是多么巨大的距离！ 手中的感觉，就算有着不同的接触和不同的接触位置，也是某样太过单一和在资料上贫乏的东西，以致不可能从中构建出对空间及其三维的表象和对物体相互之间的作用，以及延伸性、不可穿透性、聚合性、形体、硬性、柔性静止和运动特性——一句话，对客体世界的基础——的表象。 这要成为可能的话，那空间作为直观的形式、时间作为变化的形式和因果关系法则作为变化出现的调节器就要预先形成在智力里面。 正是这些已经完备了的和在一切经验之前已经存在的形式构成了智力。 在生理上，这智力是脑髓的一道功能，这脑髓并不是从经验中学会这功能，就正如胃不是从经验中学会消化，或者肝脏不是从经验中学会分泌胆汁一样。 只能由此才可以解释不少的先天性盲人为何对空间关系达致如此完整的认识，以致在很高的程度上弥补其视觉的欠缺和做出惊人的成绩。 例如，一百年

74

前，生下来就眼盲的桑德森，在剑桥教授数学、光学和天文学（有关桑德森的详细报道，是在狄德罗的《关于盲人的书信》中）。也同样只能由此解释伊娃·劳克的相反情形：伊娃·劳克生下来是没有手和脚的，唯独依靠视觉也能与其他孩子一样快地获得对外在世界的准确直观（有关的报道，大家可阅读《作为意欲和表象的世界》第 2 卷第 4 章）。所有这些因此都证明：时间、空间和因果性既不是通过视觉、通过触觉而来的，也根本不是从外而至，其实是有着一种内在的、因此并不是经验的、而是智力的根源。由此可再度得出结论：对物体世界的直观根本上就是一个智力的程序，是理解力的产物，而感官感觉仅仅只是提供机会和资料让理解力在个别的情形中应用而已。

现在，我要在视觉方面证明那同样的情形。在此直接已有的是局限于在视网膜上的感觉，这些感觉虽然可以是多种多样的，但却还原为明亮的印象和黑暗的印象及其过渡阶段和还原为颜色本身的印象。这些感觉是彻头彻尾主观的，亦即只是存在于机体的范围之内和在皮肤之下。没有了理解力的话，那我们就只是意识到我们眼睛中特别的和多样的感觉变化，但这些感觉变化却与我们身外的事物的形态、位置、远、近并没有相似之处。这是因为感觉为观看所提供的，不过就是对视网膜的多样的刺激，相当类似于一个调色板及其多种多样的颜色滴溅的样子，在我们的意识中所留下的印象也不过就是如此——假如我们面对着一个广阔和丰富的景色，但却例如由于头脑瘫痪而突然完全没有了理解力、只还留有感觉而已，因为这就是粗糙的素材——从这素材，这头脑瘫痪者的理解力在这之前还营造出那种直观呢。

至于从如此局限性的素材，例如明亮、黑暗和色彩，理解力通过其如此简单的功能，亦即将结果归于一个原因，在所附加的对空间的直观形式的帮助下，产生出如此无限丰富的和多姿多态的可见世界——那首先是有赖于感觉本身在此所提供的帮助。 这些帮助就是：第一，视网膜作为表面容许同时多个印象；第二，光线总是直线发挥作用，就算是眼睛本身也是直线被折射的；最后，视网膜有能力直接一并感受到光线射来的方向，而这或许只能以射线穿透了视网膜的厚度加以解释。 但由此所获得的，就是单纯的印象已经显示其原因的方向，亦即直截了当地表明发出光线或者反射光线的客体的地点。 确实，过渡到作为原因的这一客体，其前提条件已经是对因果关系和空间法则的认识，但这两者恰恰是智力的装备，这智力在此要再度从单纯的感觉中产生直观。我们现在就更仔细地考察其操作方式。

智力所做的第一件事情就是将上下颠倒着进入视网膜的客体的印象再度端正过来。 人们都知道，那原初的颠倒是这样产生出来的：因为那可见的客体将其射线笔直地向各个方向发出，那从上端发来的光线，在瞳孔的狭窄开口中与从下端发来的光线交叉；就这样，这些下端的光线到达了上面，上端的光线到达了下面，从右面来的同样到达了左面。 76
在这背后的眼睛的折射装置，亦即角膜、房水、晶体和玻璃体，就只是服务于将从客体发出的光线如此集中起来，以便它们可以在视网膜的小小空间中得到位置。 那么，假如观看只是感觉，那我们就会颠倒着感知到对象物的印象，因为我们接收的就是这个样子：但那样的话，我们就会感知到这是在眼睛内在的东西，因为我们会停留在那感觉。 但实际上，理解力马上就连带其因果性法则出现了，将所感受到的作用效果与其原因联系起来，从感觉中获得有关光线进入的方向的资料，因而循着这方向在这两条线上溯源到那原因：那交叉因此在现在是在相反的途径再度走完，以这样的方式将作为外在的、在空间中的客体的原因端正了以后，也就是以其发出射线的姿态、而不是以其进入视网膜的姿态（图1）表现出来。 这事情的纯粹智力特性，排除掉所有其他的、尤其是生理学上的解释根据，也可以由此得到证实：假如我们将头放在双腿之间，或者在斜坡上头朝下面躺下来，我们仍然不会颠倒了看到的事物，而是相当正确地看到它们，尽管那通常是事物的下部射进的视网膜部分，现在是被事物的上部射进：一切都倒转过来了，唯独理解力不是。

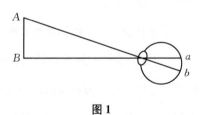

图1

理解力在将感觉修改成直观的时候所做的第二件事，就是理解力将双重感受到的东西造成了一个简单被直观到的东西；因为每一只眼睛都是单独地，而且是在某一不同的方向从对象物中接受印象，但这对象物却只是表现为一样东西，而这也只能发生在理解力那里。 这一切得以达成的程序如下。 我们的眼睛只是在看视远方，亦即在 200 尺远的时候，才是保持平行的。 除此之外，我们就会将两只眼睛对准所注视的对象物——这样的话，它们就会汇聚，那从每一只眼睛一直到眼睛所盯着的客体上的点，这两条线路在客体的点构成了我们称为"视角"的角，但这些线路本身却名为"眼轴"。 当审视就在我们眼前的东西时，这些线路刚好落在我们的视网膜的中央，所以是在两个在每一只眼睛中彼此相应的点上。 理解力马上就认识到——因为理解力总是只去找出原因——尽管在此那印象是双重的，但那却是从一个外在的点发出来的，因而其背后就只是一个原因。 因此，这原因就作为客体只是单一地表现出来。 这是因为我们所直观的一切，我们都直观为原因，是作为所感觉到的结果的原因，因而是在理解力里面所发生的事情。 既然我们以双眼并不只是把握一个点，而是把握对象物的很大的表面，并且仅仅只是单一地把握这对象物，那所给出的解释就要更深入一点。 那在客体中在光学角度的交叉点的那一边的，并不会将其射线笔直投向那视网膜的中心点，而是同样射向视网膜一边，但在双眼里，却是在视网膜的同一边，例如，在左边。 因此，光线在那里所落入的点，一如视网膜的正中央，是彼此相对应的，或说是同名的点。 理解力很快就了解到了这些，并因此将上述它的因果关系的把握规则也延伸至它们，所以不仅将停留在视网膜中央的光线，而且也将落入两个视网膜的其余彼此平衡相对应的点的射线，与那同一个发出这样的射线的在客体上的点联系起来，因而也直观到那整个的客体，那只是单一的客体。 但在此要说的是，并不是一个视网膜的外边对应着另一个视网膜的外边和一个视网膜的内边对应着另一个视网膜的内边，而是右边视网膜的右边对应着另一个视网膜的右边，等等，这事情因而并不是在生理学方面，而是要在几何学方面去理解。 对这个中的情形及与此相关的现象的清晰和多样的说明性插图，大家可见之于罗伯特·史密斯的《光学》，也部分见之于 1755 年的卡斯特纳德语译本。 我（图 2）只是给出了一个图形，这图形其实表现了一种稍后会谈及的专门情形，但也有助于说明整件事情——假如我们完全不考虑 R 角度的话。 我们据此就将两只眼睛在任何时候都均衡地向着那客体，目的就是以两个视网膜上互相均衡对应的点截住从同一的点发出的光线。 在眼睛向两边、向上、向下和向着各个方向转动的时候，那在之前落在每一个视网膜的中心点的客体上的点，每一次都落在另一个点，但始终是在双眼中那同名的、在另一只眼中相对应的地方。 假如我们仔细察看一个对象物，那我们会让眼睛来来回回地扫着那对象物，以便以视网膜的中心点——这视物是最清晰

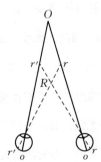

图 2

78

的——相继接触那对象物的每一个点，因而是用眼睛轻触那客体。 由此可清楚明白这一点：以两只眼睛单一地视物，从根本上就与以十根手指触摸一样物体是同样的道理：在后一种情形里，每一根手指都得到一个不一样的印象，并且，每一根手指都是朝着一个不一样的方向。 但理解力却都认识到这全部的印象来自一个物体，理解力就据此理解这物体的形态和大小，在空间中构建起来。 正是基于此道理，一个盲人可以成为一个雕塑家。 自 5 岁以后就成了雕塑家、1853 年在蒂罗尔逝世的著名的约瑟夫·克莱因豪斯就是这样的情形[1]。 这是因为直观总是通过理解力的，不管他是在何种意义上得到了其资料。

但现在，假如我两手手指交叉着触摸一个球体，我会马上以为感觉到了两个球体，因为我的理解力——这理解力追溯原因和将这原因根据空间的法则建构起来——预先假定了手指的自然位置，然后必然将中指和食指的外侧所同时接触到的两个球面，归于两个不同的球体，就正如假如我的双眼不再均匀地集中，将视角闭合在那对象物的一个点上，而是每一只眼睛都以另一个角度观看那同一个点，亦即假如我是以斜视眼

---

[1] 关于这所说的事情，法兰克福的《谈话报》1853 年 7 月 22 日有过这样的报道：盲人雕塑家约瑟夫·克莱因豪斯在 7 月 10 日逝世了。在约瑟夫·克莱因豪斯 5 岁的时候，因为天花而丧失了视力。小男孩就以雕塑玩耍打发无聊。普鲁格给予他指导和他所需要模仿的塑像。在他 12 岁的时候，小男孩完成了一个真人大小的基督塑像。在雕塑家尼斯勒位于富根的工作室里，他在短时间内收获甚大，并且，由于他的优秀的天赋和才能而成为了声名远播的盲人雕塑家。他的多种多样的作品数量极为丰富。单是他的基督塑像就总计四百多个，考虑到双目失明，他的高超的技艺在这些作品中充分展现了出来。他还制作了其他值得赞赏的作品。就在两个月前，他还完成了弗兰茨·约瑟夫皇帝的半身雕像，并送到了维也纳。

观看，那所看到的对象物就显得是双重的。 这是因为现在，从对象物的一个点发出的射线，不再是落在彼此对称相应的两个视网膜上——而这本来是我的理解力透过持续的经验所了解到的——而是落在了相当不同的地方，而这情况在两只眼睛位置均匀的时候，只能是由两个不同物体所造成的。 因此，我现在就看到了两个对象物，恰恰是因为直观是透过理解力和在理解力中发生的。 这同样的事情即使我不是斜视着看也会发生，那就是假如在我面前有两个相互距离很远的东西，我就牢牢盯着最远的东西，因而将视觉的角度闭合在那东西上面，因为现在，那从更近距离的东西发出的射线就不会对称落在两个视网膜的相对应的地方，我的理解力因此就将这情况归因为两个物件，亦即我将那个近距离的东西看成是双重的(见图2)。 相比之下，假如我牢牢盯着这近距离的东西，将视角闭合在这上面，那出于同样的理由，更远距离的东西就会在我看来是双重的。 要检验这一点的话，我们只需拿一支笔在我们眼前两尺远，然后变换着时而注视着这支笔，时而注视着在这背后更远处的东西。

但最美妙的，就是这实验也可以倒转过来做，以致我们将两个实物很近地置于睁开的双眼之前，但却只看到了一个实物；而这就最令人信服地证明了：直观根本不是在感官感觉那里发生的，而是要透过理解力的行动。 将两个大概8寸长和直径1½寸的纸筒，完全平衡地、依照双筒望远镜的方式绑在一起，在每一个纸筒的开口处粘贴一个8格罗申的硬币。 假如我们现在从纸筒的另一端观看，那我们只会看到一个8格罗申硬币，围绕着的是一个纸筒。 这是因为双眼由于纸筒的缘故而处于完全平衡的状况，两只眼睛就恰好被从两个硬币发出的射线相当均匀地射中视网膜的中央和围绕这中央的、因此是互相对称相应的地方，因此，理解力——因为其在观看近的东西时预先假定了眼轴是一向惯常的，而且是必然的会聚位置——就会认为那如此反射回来的光线的原因就是一个单一的东西，亦即我们只看到一样东西：理解力的因果性领悟就是如此的直接。

在此并没有篇幅去逐一反驳人们就这单一的视觉试图给出的种种生理学解释。 但那些谬误在接下来的考察中已经清楚地表现出来。 1.假如这事情是建立在某一有机体的联系之上，那在两个视网膜上的互相对应的位置——单一的视觉已被证明就是有赖于此——就必然是在有机体的意义上同一名字，但它们，正如所说的，却只是在几何学的意义上同名。 这是因为在有机体方面，眼睛的两个内在的和两个外在的角是互相对应的，所有其他的因此也是这样。 但为了单一的视觉，那右边视网膜的右边却反过来对应左边视网膜的右边，等等，正如从所引的现象所无可辩驳地表明了的。 正因为这事情所具有的智力特性，所以，只 ⁸¹有最具理解力的动物，诸如高等的哺乳类动物，然后是猛禽，尤其是猫头鹰，等等，才会有如此设置的眼睛，以致它们可以将双眼的眼轴朝向一个点上。 2.那最先由牛顿(《光学》第 15 个询问)就视觉神经在其进入脑髓之前的汇合或者部分的交叉所提出的假设是错的，因为那样的话，通过斜视而重看就会是不可能的事情。 此外，维萨里斯和切萨尔皮诺已经列举解剖上的这样的情形：在这些情形里，并没有发生任何视觉神经的掺和，甚至没有任何的接触，但主体却仍然是单一地视物。最后，这一点也反驳了印象掺和的说法：假如我们牢牢地闭上右眼，就用左眼看着太阳，在这之后，那持续长时间的炫目图像就只有左眼才有，而永远不会出现在右眼当中。 反之亦然。

理解力将感觉加工成直观的第三个工序，就是将至此为止所得到的单纯的平面建构成物体，因而是补充第三维，所采用的手段就是：理解力根据那物体对眼睛所发挥的作用和光亮与阴影的等级，以因果性的方式判断出那物体在第三维、在理解力先验就意识到的空间中的延伸。也就是说，在客体（物体）以其所有的三维充斥空间时，它们只能以二维作用于我们的眼睛：观看时的感觉由于观看器官的特质而只是平面几何式的，而不是立体几何式的。 在我们的直观中所有立体几何式的东西，只是由理解力补充进去的：理解力这方面的唯一资料，就是眼睛接受印象的方向、那些印象的界线和不同程度的光亮和黑暗——这些资料直接指向了其原因，我们据此认识到了在我们面前的，例如，是一个圆盘抑或一个球体。 理解力的这一工序，正如之前的工序，是如此直接和快捷地完成，我们除了结果以外，甚至意识不到任何其他东西。 因此，投影描画是如此困难的一样任务，也只有依照数学的原则才能解决，并且只有学习才能做到，虽然那所提供给我们的，不过就是描绘了观看的感觉是如何作为资料提交给理解力工序，亦即提交给仅仅只是平面几何式延伸的观看——在观看到这一描画以后，正如在看到了现实以

82

后，在这唯一所给出的二维和上述在这些资料的基础之上，理解力马上添加了第三维。 这样的一种描画也就是一种文字：就像印刷出来的文字一样，每一个人都会阅读，但很少人能够写得出来，因为我们的直观理解力仅仅只是把握结果，以便从这结果建构出原因，但一旦有了原因，这些作用结果本身就被无视了。 因此，我们立即就会认出，例如，处于任何一个可能的位置和方位的一把椅子，但要以某种方式将之描画出来却是这样的一种艺术的事情：这艺术并不顾及这理解力的第三种运作，以便仅仅将资料提供给观看者，好让他们去完成余下的工序。 这首先是，正如所说的，投影描画的艺术；然后，在涵盖一切的意义上，却是绘画的艺术。 绘画提供了根据投影规律而画出的线条，根据光线和阴影的作用效果而给出的明亮和黑暗的地方，最后提供了在经验中学来的一定性质和强度的色块。 观看者就从这些做出断定，将惯常的原因归于同样的作用效果。 画家的艺术就在于画家懂得精心记录下在观看时还不曾得到这第三种理解力运作的感觉资料；而我们其他人，一旦我们对这些感觉资料做出了上述应用以后，就将其甩到了一边，并不会将其留在记忆之中。 我们还将更精确地了解在此所考察的第三种理解力运作，因为我们现在就来到了第四种理解力运作，而这第四种因为与第三种密切相关，所以也一并说明了第三种的理解力运作。

　　理解力的第四种运作也就是认识客体与我们的距离。 但这恰恰就 83 是上面所谈论过的第三维。 观看时的感觉虽然提供给了我们，正如上面所说，客体（物体）所在的方向，但却没有提供它们与我们的距离，因而没有提供它们的地点。 那距离因而必须只能通过理解力才可弄清楚，因此是纯粹从因果性规定中得出结果。 那么，这些因果性规定中最重要的是那客体在展现时所形成的视角，但这视角也完全是模棱两可的，就凭其自身是无法定夺任何东西的。 那就像一个模棱两可的字词，我们只能从上下文的联系中推断出那字词的意思。 这是因为在同一个视角下，一样客体（物体）可以是小的和近的，或者是大的和远的。只有在我们以别的方式知道了其大小以后，才能够从视角了解其距离，正如反过来，只有在我们以别的方式知道了其距离以后，才能够了解其大小。 直线透视是建立在视角由于距离而减少，其原则在此就很容易推论出来。 也就是说，因为我们的视力朝着各个方向抵达同样的远，所以，我们观看一切其实就像是一个空球体，而眼睛就在那空球体的中心。 那么，首先，这球体有着无限之多的、向着各个方向的截面圆圈，其数值由这些圆圈部分所给出的角就是可能的视角。 其次，这球体根据我们所估计的它的半径或更大或更小而变成或更大或更小；我们因此也能够想象其为由无限多的同心的和透明的空球所组成。 既然所有的直径都分叉，那这些同心的空球体，随着其与我们的距离更远而更大，它们的截面圆圈的度数也伴随着增多，那占据这些度数的客体的真正数值也就增多。 这些客体因此就根据它们所占据一个或大或小的小空球的相等部分，例如 10°，而相应地或大或小，而与此同时，它们的视角在两种情形下保持同样，因而让这一点悬而未决：到底那客体占据着的是一个直径 2 英里的球体的 10°，抑或直径 10 英尺球体的 10°。 反过来，假如这客体的大小是确定的，那它所占据的度数就会随着我们将其置于的空球体越遥远和因此越大而相应减少，因此，以同样的比例，它的所有界限范围也相应地紧缩。 由此得出了一切透视的基本法则，因为既然随着距离的遥远，物体和它们之间的间隔就肯定以恒久的比例减少，所有的界限范围也因此紧缩，那就产生这样的结果：随着所增加的距离，一切在我们上面的都下落，一切在我们下面的都上升，一切在我们旁边的都更紧靠在一起。 只要我们眼前看到那不曾中断地联系在一起的东西，那我们从所有线条的逐渐交会中，亦即从直线透视中，就确实能够看出距离。 而只是单独从视角，我们却无法看出距离。 那样的话，理解力还必须得到另外某一资料的帮助，那资料就好比是作为对视角的注解，因为那更确切地标明了距离在这视角的份额。 这样的资料主要有四类，我现在就逐一给予更详细的陈述。 借助于这些资料，就算是我缺少了直线透视，那么，尽管一个距离我 100 英尺的人，看上去比假如他是距离我 2 英尺要小 24 倍的视角，但我在大多数的情形里，还是能够马上准确地把握这人的大小，而这就再一次证明了：直观是智力性质的，而不单纯是感觉性的。 接下来的是有关在此所阐述的直线透视的基础，以及直观的智力性质的一个专门的和有趣的证明例子。 每当我长时间注视着一个有着确定轮廓的有色东西之后，例如一个红色的十字架，我眼里就有着其生理的颜色光谱，因而是一个绿色的十字架，那我将这投射在其上面的表面越是遥远，那这绿色十字架就越大，而这表面距离越近，这十字架就越小。 这是因为那光谱本身占去了我的视

网膜一个确定的和不变的部分——而这一部分一开始是受到红色十字架
刺激之处；在这光谱向外在投射时，就一次性产生了作为把握了一个外
在对象物的结果的这对象物的一个视角，我们就假设这为 2° 吧：那么，
假如我在这情形（在此，缺少了对这视角的一切注解）将这视角置于一个
遥远的表面，将其无法避免地视为属于那结果，那这 2° 就是一个距离遥
远、因而就是一个巨大的球体所占据的，那十字架因此就是巨大的；而
假如我将那光谱投射在一个近距离的对象物那里，那它就会占满一个小
球体的 2°，因此就是小的物体。 在两种情形里，直观都显示出完全客
观的效果，相当类似于一个外在物体的效果，而因为这的确出自一个完
全是主体的原因（那是以完全另外的方式刺激起来的光谱），所以就证明
了一切客观（客体）直观的智力性质。 有关这一事实（我记得很清楚我是
在 1815 年首先看出来了这一事实），在 1858 年 8 月 2 日的《法国科学院
院刊》登载了由塞甘写的一篇文章。 这篇文章将这事情弄成一个新的
发现，并给出了各种各样歪曲的和幼稚可笑的解释。"杰出的同事"先生
们不失机会地做出一个接一个的实验，将事情搞得越复杂就越好。"就
只需实验！"是他们的口号；但对所观察的现象的稍稍正确的和真诚的
思考却是极为稀罕的事情。 除了"实验，实验！"就是幼稚可笑的
蠢话。

所以，属于上述辅助性的、为所给出的视角提供了注解的资料的，
首先是"眼睛内在的变化"，借助于此变化，眼睛通过折射的增多和减
少来协调其视觉的折射器官以适应不同的距离。 但这些变化在生理学

方面是由什么所组成，却仍然是没确定的。 人们时而在角膜、时而在晶体的凸状的增多中试图找出这生理学的构成。 但那最新的、在主要方已经由开普勒所提出来的理论——根据此理论，晶体在视远时的回缩，但在视近时的前推，在这同时通过两边的压力而更成拱形——在我看来是最有可能的，因为根据此理论，那过程就像是观剧望远镜的工作原理。 这一理论的详细论述见之于胡克的论文《晶体的运动》（1841）中。 不管怎么样，我们至少对眼睛的这内在变化有着某些感觉，尽管那并不是什么清晰的感知。 我们也就直接利用这些变化以评估距离远近。 但由于那些变化只能有助于让对大概 7 寸至 16 尺的距离清晰看视成为可能，所以，理解力的上述资料就只能应用于这一距离之内。

除了这些，还有第二种资料可以应用，亦即在上面讨论单一视觉时已经解释过的、由两个眼轴所形成的"视角"。 很明显，客体处于越近的距离，视角就越小；客体越远，视角则越大。 眼睛的这种不同的指向并不会没有对此某些轻微感觉，但这些感觉却只有在理解力在直觉判断距离的过程中应用到这资料时，才会进入到意识。 此外，这些资料不仅让我们看出距离，而且还借助于眼睛的视差，让我们准确认出客体的地点，而那视差也就在于每一只眼睛以某一稍稍不同的方向观看那一物体——因此，假如我们闭上一只眼睛，那物体就像是在挪动一样。 因此，闭上一只眼睛的话，是不容易清理烛花的，因为这时缺少了这方面资料。 但因为只要对象物是在 200 尺或者更远的距离，那眼睛平行地向着一个方向，亦即那视角完全消失，所以，这些资料就只是在这所说的距离之内才是有效的。

　　除此之外，空气透视（远景）也助理解力一臂之力，而这空气透视通过一切颜色变得越模糊、在一切昏暗对象物之前所显现的自然的蓝色（根据歌德的完全真实和正确的颜色理论）和愈益不清的轮廓，告诉了理解力某一更远的距离。 这些资料在意大利是极其微薄的，因为意大利的空气是非常透明的，因此，这些资料在意大利很容易误导我们，例如，从弗拉斯卡蒂看过去，蒂沃利显得很近。 相比之下，在雾中，由于雾将这些资料异常地增加，一切东西都显得更大了，因为理解力以为它们处于更远的距离。

　　最后，还有通过我们直观所知的物体与物体之间的东西的大小，例如，田野、河流、森林等的大小以评估距离。 这只能应用于不间断的连贯性关联中，亦即只能应用于地球上的东西，而不能应用于天空中的东西。 总的来说，我们更熟悉将之应用于水平线方向、而不是垂直的方向：因此，在一个 200 尺高的塔上的球体，与处于距离我们 200 尺远地方的球体相比，会显得小很多，因为在这后一种情形里，我们会更准确地计算那距离。 每当有人以某种方式进入到我们的视线，以致在他们与我们之间的东西大部分都会隐藏起来，那这些人在我们看来就明显很小。

　　这最后所说的评估方式——只要这是对地球上的东西有效和对朝着水平方向的东西应用得上——以及在那同样情形里的根据空气透视，都是由于我们直观的理解力在朝这地平线方向方面，将一切都视为比往垂直的方向看更远和因此更大所致。 这就是为什么月亮在地平线上显得比其在中天时大得多，而它的精确量度的视角，亦即他投向眼睛的图像，却根本就没有更大；还有就是，为什么天穹显现为扁的，亦即延伸为更多的是水平面的，而不是垂直的。 这两种现象都是纯粹智力的或说脑髓性的现象，而不是光学的、或说视觉上的现象。 假如有反对意见说：月亮就算是在中天，有时候也显得暗淡、却又不是更大。 那对此的反驳就是：月亮在那地方也并没有显现为红色，因为那暗淡是由于更厚的云雾而产生的，因此是有别于通过空气透视而产生的另一种；此外，我们就像所说的，只将这种评估应用在水平线的东西，而不会应用在垂直的方向；再者，在这一位置，其他的纠正措施也会介入。 索绪尔据称在白朗峰看到上升的月亮是如此的巨大，以致他没有认出就是月亮而惊恐晕倒了。

相比之下，望远镜和放大镜的作用就基于只根据视角而孤立地评估，亦即透过距离评估大小和透过大小而评估距离，因为在此，那别的四种辅助的评估手段是被排除了的。 望远镜的确放大了东西，但看上去却只是将东西拉近了距离，因为那些东西的大小是我们在经验中熟悉的，我们现在就以其缩小了的距离解释其表面看上去增加了的大小，所以，例如，一间屋子通过望远镜观看的话，就显得不是大了 10 倍，而是显得近了 10 倍。 而放大镜则并非真的放大，而是让我们得以将东西拉近了与眼睛的距离，而这是我们在其他情况下所无法做到的，而那东西就会显得在这样的近距离不用放大镜也会显得那样大。 也就是说，眼球晶体和角膜的太小的凸状在比 8—10 寸还要近的距离并不允许我们清晰视物，但假如放大镜的凸状取代了晶体和角膜而增加了折射，那我们就算是在与眼睛 1/2 寸的近距离，我们也仍获得一个清晰的图像。 在如此近的距离、大小与这距离相吻合所看到的东西，我们的理解力就将其置于清晰看见的自然距离，亦即与眼睛 8—10 寸的距离，并根据这一距离、在这给予的视角下评估其大小。

我在此如此详细地阐述了与视觉相关的所有这些，目的就是清楚地和无可反驳地阐明在这里面，理解力的活动是主导性的；这理解力了解到每一变化是作用的结果，并将其与其原因联系起来，在对空间和时间的先验基本观照的基础上，造成了有关这具体世界的脑髓现象，而感官感觉只是为此提供了某些资料。 确切地说，理解力仅仅只是通过其特有的形式，亦即通过因果性法则，因此是完全直接和直觉地、在没有反省思维的帮助下，亦即在没有借助于概念和字词的抽象认知的情况下完成这一工作，而概念和字词是次级认知的材料，亦即思维、理性的材料。

至于理解力认知是独立于理性及其帮助的，也可从这一事实清楚看得出来：理解力一旦就所出现的结果确定了一个不正确的原因，因而是直接直观这一原因并由此产生了假象，那尽管理性在抽象中准确地认识到了个中的真实情形，却也无法对理解力施以援手；那假象仍然无视那更正确的认识而照样存在。 类似的假象，例如上面所说的由于感觉器官处于不正常的位置而产生的复视和导致感觉触摸到两样东西，同样的例子就是我所提到过的在地平线上的月亮看上去更大，还有：在一块凹透镜的中心点里显现为漂浮的、固体的物件的映像；那以假乱真的只是画上去的浮雕；在一艘船驶过时，我们所站在的岸边或者桥梁似乎在运动；那些高山，由于缺少了空气的透视（这是山峰所在的气氛环境纯净的结果）而看上去比实际的近很多，以及千百样相似的情形。 在所有这些情形里，理解力都假定了惯常的和为他们所熟悉的原因，因而马上就直观到这些原因，尽管理性从其他的渠道查明了正确的事实，但理性却无法让理解力接受这些事实，因为理性的教育对理解力是不得其门而入的，因为在人的认知中，理解力是走在理性的教诲之前的；这样的话，假象，亦即理解力所受到的欺骗，就照样地存在，虽然谬误，亦即理性所受到的欺骗，是可以防止的。 那被理解力所正确认识到的是现实；被理性所正确认识到的是真理，亦即一个有其根据的判断。 假象（那被错误直观到的东西）与现实是相对立的，而谬误（那错误思维到的东西）则与真理相对立。

尽管经验直观的纯粹形式部分，因而也就是因果关系的法则，连带 90
空间和时间，是先验就存在于智力中的，但将这因果关系的法则应用于经验的资料可并没有一并赋予了智力；这智力只有透过练习和经验才能做到这一点。 这就是为什么初生的婴儿虽然也接收光亮和色彩印象，但却还不能了解物体，还不能真正意义上地观看；他们在最初的几周里困于某种浑浑噩噩；然后，这浑浑噩噩就逐渐消失了，因为他们的理解力开始处理感官的资料，尤其是处理触觉和视觉的资料了，而那客体世界也就由此逐渐进入到意识之中。 这进入到意识可以从他们眼神变得聪明和他们的动作的某些目的性中清楚看得出来，尤其是在他们首次通过友好的笑容显示出他们认得照顾他们的人时。 我们也可以观察到他们仍长时间地试验其观看和触摸，以完善在不同的光线、方向和距离的情况下对对象物的把握，并就这样进行默默的、但却是认真的练习，直至他们掌握所有上述观看时的理解力运作为止。 这种训练在先天盲人稍迟才开始的理解力运作中得到清晰得多的确认，因为这些盲人给出了有关他们的感知的报道。 自从切泽尔登*的著名盲人案例（对此案例的原初报道登在《哲学学报》，第 35 卷）以后，同样的情形反复再现，而每一次都证实了：这种稍迟才终于运用上眼睛的人们，虽然在手术完成以后，就马上看见光亮、颜色和轮廓，但却还不具备对对象物的任何客观的直观，因为他们的理解力必须首先学会应用其因果关系的法则在对他们来说是崭新的资料及其变化上去。 在切泽尔登的盲人第一次看着他的房间及这里面不同的物件时，他无法分辨出任何东西，而只有一种

91 笼统的总体印象，就犹如对一个由一块料子构成的整体的印象：他将之视为一块平滑的、具不同色彩的表皮。 他不会想到要认出那些分开的、不一样距离的、一个挤在另一个后面的事物。 对这些恢复了视力的盲人来说，那触觉必须首先要为视觉所了解，因为触觉已是很熟悉事

---

* 威廉·切泽尔登（William Chesselden, 1688—1752），英国著名医生和解剖学家。——译者注（以下不再标注）

物的了，这就好比是将这些事物介绍和引荐给视觉。 他们在开始的时候对距离无法进行任何判断，而只会四处摸索。 一个人从外面看着他自己的屋子，并不会相信那所有的大房间会是在那小东西里面。 另一个人会十分高兴在手术的几个星期之后，发现挂在墙上的铜版画表现了各种各样的东西。 1817 年 10 月 23 日《晨报》就报道了这样一个天生盲人在 17 岁时获得了视力的情形。 他必须首先学习理解力的直观，因为他在看到在此之前他通过触觉所认识到的对象物时，并没有认出这其中的任何一样。 那触觉必须让视觉首先了解每一单个事物。 他也无法判断所看到的东西的距离，而是伸手要去抓住所有的一切。 弗兰茨在他的《眼睛：一篇有关保养这一器官健康和改进视力的艺术的专题论文》(伦敦，丘吉尔，1839)第 34—36 页中说："要获得对距离以及对形状和尺寸的一个确切的观念，只有通过观看和触摸，通过反省思考留在我们的两种感官中的印象才可以；但为此目的，我们必须考虑到个人的肌肉运动和自主运动。 卡斯帕·豪泽[1]，在一篇关于他的这方面的经历的详细报告中陈述说，在他首次从囚禁中被解放出来时，每当他透过窗户看外面的物体时，诸如街道、花园等等，那在他看来就像是有一个窗板近在他的眼前，上面满是杂乱的、各种各样的色彩，在这上面他无法认出单一的某一样东西。 他还说，他直到走出了户外一定的时间，才确信那一开始时看上去是多种颜色的窗板和许多其他的物体，其实是

92

---

[1] 费尔巴赫，《卡斯帕·豪泽，对一个人的精神思想的一个犯罪例子》，安斯帕赫，1832，第 79 页等。

很不相同的东西，并且，那窗板终于消失了，他看到了和认出了正确比例的所有东西。 天生的盲人，在后来通过手术获得了视力的话，有时候会想象到所有的东西会接触到他们的眼睛，距离是如此之近，他们甚至害怕撞到了它们；有时候，他们会跳向月亮，以为他们会逮住月亮；还有些时候，他们会追逐在天空中飘动的云，以便抓住它们。 他们还会做出其他的夸张的事情。 ……既然观念是通过对感觉的反省思考而获得，那在所有的情形里，为了从视觉中形成对物体的一个精确的观念，就还有必要确保理智能力未受损伤和在其运用是不受阻碍的。 这方面的一个证明就由哈斯拉姆[1]所述的例子提供："一个男孩并没有视力缺陷，但在理解力方面薄弱。 他在 7 岁的时候无法估计物件之间的距离，尤其是物件的高度。 他会频繁伸手去抓天花板上的一颗钉子，或者伸手去抓月亮。 所以，是判断在纠正和理清对可见物件的这观念或者知觉。"

在此所阐明的直观的智力性质，得到了弗卢朗斯在《论生命和智力》(第 2 版，巴黎，加尼尔兄弟出版社，1858)中的生理学方面的证实。 在第 49 页，以"脑节与脑叶的对立"为题，弗卢朗斯说："应该在感觉与理解力之间作出巨大的划分。 移除了一个脑节就决定了视力意义上的丧失感觉；视网膜就没有了感觉；虹膜就不动了。 移除了一片脑叶则保留了视网膜的感觉和敏感性、虹膜的运动性，那仅只消灭了知

---

[1]《哈斯拉姆论疯癫和忧郁》，第 2 版，第 192 页。

觉。 在前一种情形，那涉及的是一个感觉方面的事实，在后一种情形，那涉及的是一个脑髓方面的事实；在前一种情形，那涉及的是丧失了感觉，在后一种情形，那涉及的是丧失了知觉。 将知觉与感觉区分开来仍然是一个巨大的成果：那可以展现给眼睛的。 有两种办法可通过脑髓让视力消失：1.通过脑节，那导致感官感觉的消失；2.通过脑叶，那导致知觉的消失、智力的消失。 感受性并不就是智力，思考并不就是感觉。 那就是推翻了整个哲学。 观念并不就是感觉；在此是对这一种哲学的根本缺陷的又一证明。"此外，在第 77 页"感觉与知觉的分离"这一题目之下，弗卢朗斯说了："我进行过一个将感觉与知觉清楚分离的实验。 当人们移除了动物的真正意义上的脑髓（脑叶），那动物就丧失了视力。 但是，相对于眼睛而言，一切都不曾改变：物体继续显现在视网膜上面；虹膜仍旧是收缩的，视觉神经是敏感的，敏感程度是完美的。 与此同时，动物则看不见东西了，不再有意象了，虽然一切感觉继续存在；不再有意象了，因为不再有知觉了。 知觉能力，而不是感觉，是智力的第一要素。 知觉是智力的一部分，因为知觉是与智力一道消失的，亦即通过移除那同样的器官、那脑叶，知觉也就一并消失；感官敏感性则并不是智力的一部分，因为在智力消失和脑叶被移除以后，感官敏感性是继续存在的。"

至于古人已经在大致上看出直观中的智力特性，这可由古老哲学家埃庇卡摩斯的著名诗句证明："只有智力才能看见和听到，其他的一切都是既聋又瞎。"普卢塔克在引用这诗句（《论动物的智力》第 3 章）

时，补充说："眼睛和耳朵的感觉，如果不是加上认知，是不会造成感知的。"他在这之前就说过："这是物理学家拉穆普萨库斯的斯特拉托的理论。他证明了缺少理解力的知觉是不可能的。"但在这句话之后，普卢塔克很快就又说了："因此，所有有知觉的生物也都肯定是具有理解力的，因为只有通过理解力才能有知觉。"第欧根尼·拉尔修(3，11)所引的埃庇卡摩斯的一段诗歌或许也是与此相关的：

> 啊，欧墨鲁斯，聪明伶俐并不只是属于我们，
>
> 因为每一个活着的生物，也是有理解力的。

波菲利(《论戒吃肉食》，3，21)也尽力详尽地阐明：所有的动物都是具有理解力的。

如此这般的情形，是直观的智力特性必然得出的结果。一切动物，就算是最低级的动物，也肯定具有理解力，亦即具有对因果关系法则的认识，虽然其在细腻和清晰的程度上差别很大，但却总起码足以应付以它们的感官进行直观所需：因为欠缺理解力的感觉，不仅仅是没有用处，而且还是大自然的一样残忍的馈赠。任何人，只要他本身不是缺乏理解力，就不会怀疑高等动物也有理解力。但动物对因果关系的认识的确是出自先天的，并不仅仅得之于习惯看到这一样事物是紧接着那一样事物。这一事实有时候无法否认地显现出来。一只很幼小的狗不会从一张桌子上跳下来，因为它预见到了那样做的结果。不久前，

我在我的卧室装置了落地窗帘，如果拉动那绳子，这窗帘就从中间分开。 就在我早上起床以后第一次拉动绳子的时候，我惊奇地注意到我那非常聪明的小狗惊讶地站在那里，上下、左右地查看出现这情况的原因，亦即要找出这之前的某一变化——它先验就知道在这之前肯定发生了某一变化的。 这同样的事情在第二天早晨再度发生。 但就算是最低等的动物，甚至那些珊瑚虫，也是有感知的，因而是有理解力的：那些珊瑚虫并没有分开的感官，当它们在水中植物那里要到达更明亮之处，就以其臂状物夹着从一块叶片移到另一块叶片。

这最低等的理解力与人的理解力——我们却是将人的理解力与人的理性清楚分开的——仅仅只是在程度上有所不同，而这两个级别之间的所有级别则由一系列的动物所占据。 这系列的动物最上面的部分，亦即猿猴、大象、狗，其理解力让我们惊讶不已。 但理解力所做的事情，始终就是直接把握那因果性关系，首先，正如所指出的，把握自己的身体与其他的物体之间的因果性关系，而由此就产生了对客体的直观；其次，把握从客观上直观到的这些物体互相之间的因果性关系，而在这些关系中，正如我们在之前的段落中所看到的，因果性关系显现为三种不同的形式，那也就是原因、刺激和动因。 在这世界上的一切运动和活动也就是根据这三种因果关系形式而进行的，并只有通过理解力才能理解。 那么，假如在那三种形式中，最狭义的原因是理解力所要探究的，那就产生出机械力学、天文学、物理学、化学，就会发明出导致好的或是坏的结果的机器，但在其所有的发明的背后，最终都有一种对原因上的连结的直接、直觉的把握。 这是因为这就是理解力的唯一形式和功能，而绝不是康德那十二个范畴的复杂轮子，其空洞无物我已经证明了。（一切理解都是对因果性关联的直接的和因此是直觉的把握，尽管为了要把这种把握固定下来，就必须马上将其沉淀为抽象的概念。 因此，计算或说算术并不就是理解，就其自身而言并不提供对事情的任何理解。 而计算就只是与纯粹抽象的数值概念相关，它将这些数值概念互相之间的关系固定了下来。 以这样的方式，人们永远不会对某一自然进程得到最些微的了解。 这是因为要达致这样的了解，需要直观把握空间的情形，原因借助于此才能发挥作用。 计算仅只是对实践应用有价值，而不是对理论有价值。 我们甚至可以说：在计算开始之处，理解力就停止了。 这是因为忙于数字的头脑，在其计算时，完全疏远了自然过程的因果性关联，那头脑就陷入纯粹抽象的数字概念之中。 但那结果所说明的，不过就是多少罢了，而永远不会说明是什么。"经验和计算"——法国物理学家的这一口号——是根本不足够的。）而假如刺激是理解力的主导思想，那就会产生出植物和动物的生理学、治疗学和毒理学。 最后，假如理解力投向动因，那就要么将动因单纯理论性地用作主导思想，以发掘伦理学、法学、历史学和政治学，甚至创造出戏剧性的和史诗性的文学；要么就对动因作实际利用，在理解力有幸在每一只木偶那里发现了随心所欲地牵引着那木偶的线绳以后，要么仅是为了训练动物，要么甚至是为了让人类随着其笛子起舞。 那么，至于理解力是如此聪明地借助于力学而利用了物体的重力，以致可以根据其目的而随意让其作用在恰当的时间出现，抑或理解力也同样地将人所共有的或者是个体性的倾向朝着其目标活动起来——就这方面所发挥的功能而言，都是同样的事情。 在这实际运用中，那理解力就称为精明，而假如这理解力伴随着欺骗其他人，那就称为狡猾；假如其目的是非常渺小的，那就称为机灵；假如那是伴随着对他人不利的，那就称为诡计多端。 相比之下，仅是在理论上应用的话，那直截了当就称为理解力，但在更高的程度上，就称为机敏、洞察力、见识力；而缺乏这理解力，就是迟钝、愚蠢、呆滞，等等。 理解力在锐利程度上的很大差别是天生的，而不是后天学来的，虽然要正确运用素材，在任何情况下都需要对素材的练习和知识，正如我们在对理解力的最先应用，亦即在经验的直观那里所的确见到的。 理性是每一个头脑简单的人都有的：我们给他前提，他就会得出结论。 但理解力提供的是第一手认识，所以是直觉、直观的认识，而区别就在这里。 因此，每一个伟大的发现，一如每一个世界历史性的计划，其内核都是在机缘的某一刻的结果——在这一刻里，得益于外在环境和内在环境的眷顾，理解力蓦然开朗，复杂的因果系列和隐藏在千百次见到过的现象背后的原因，或者一些从来不曾有人涉足的、昏暗的路径，突然显得清晰、明亮。

97

透过上面的对在触摸和观看时所发生的情形的分析，我无可辩驳地阐明了：经验的直观本质上就是理解力的作品，感官只是向理解力提供为此目的的、在总体上贫乏的感觉上的素材，以致理解力就是那塑造作品的艺术家，感官就只是递送材料的辅助工人。 但理解力在这期间的工作做法无例外就是从所出现的结果转到其原因，而这原因恰恰只有通过这一方式才显现为空间中的某一客体。 对此前提条件是因果性关系的法则，而这恰恰因此就肯定是由理解力本身所提供的，因为因果性法则从来不会是从外在给予理解力的。 假如那是一切经验直观的首要条件，而经验直观就是一切外在经验出现时的形式，那这因果关系的法则又怎么会是首先从经验中提取出来的呢，因为经验的本质性前提条件就是这因果关系法则本身？ 正因为这是绝对不可能的，因为洛克的哲学取消了一切先验性，所以，休谟就否认因果性概念的全部真实性。 因此，他也已经提到（在《论人类的理解力》第7章）两个错误的、时至今日我们还有人提出的假说：意欲对身体部分的作用，以及物体对我们对其压力的抵抗，就是因果性概念的起源和原型。 休谟以他的方式和他

98 的相互关联驳斥了这两种假说。 但我的说法却是：在意欲活动与身体活动之间，并不存在任何因果的关联，这两者其实直接就是同一者，被我们双重地感知：一旦在自我意识中或说内在感官中，那就被感知为意欲活动；与此同时，在外在的、空间中的脑髓直观中就被感知为身体活动（参看《作为意欲和表象的世界》第三版第2卷第41页，这一版本第743页）。 第二个假说是错误的，首先，是因为正如我在上面所详细论述了的，触觉仅仅只是某一样感觉，是不会提供任何客观直观的，更不用说提供因果性概念了：这因果性概念是永远不会单纯只从某一身体努力受到妨碍的感觉中产生出来的，因为这种感觉在没有外在原因的情况下也确实经常出现的；其次，是因为我们挤压某一外在东西——因为这

肯定是有着某一动因的——已经是以对这东西的感知为前提条件，而这感知又已经是以认识到因果关系为前提条件。 因果性概念是独立于一切经验的——这一点只能以此事实彻底得到阐明：一切经验，就其全部的可能性而言，都被证明为依赖于因果性概念的，就正如我在上面所做的。 至于康德在这方面所给出的证明是错的，我将在§23作出说明。

在此也要指出这一点：康德要么没有看出经验的直观是通过我们先于一切经验就意识到的因果关系法则作为中介而达成，要么就是因为这事实并不与其目的相符，所以就故意绕开这一点。 在《纯粹理性批判》中，因果性与直观的关系并没有出现在《先验原理学说》中，而是安排在人们不会想到会找到它的地方，亦即在《论纯粹理性的误推》一章，而且是在《对超验心理学的第四个误推的批判》，第一版，第367页及后面。 康德将这一探讨安排在这地方，已经显示了他在考察这关系的时候，所着眼的就只是从现象到自在之物的转换，而不是那直观本身的形成。 因此，他在这里说：一样真实东西在我们身外的存在，并非直接就给出在感知中，而是也被联想为外在的原因，因而是能够被推论出来的。 只不过谁要是这样做了，那在康德看来就是一个先验的实在论者，因而是走在错误的道路上。 这是因为那"外在的东西"，康德在此所理解的意思已经是自在之物。 相比之下，那先验的观念主义者就只停留在对一样经验实在的，亦即在我们身外的空间中存在的东西的感知里，并不需要为了给出其实在性而首先推论出其原因。 也就是说，感知，在康德那里，是某样相当直接的东西，并不需要因果性关联，亦即

99

理解力的帮助就可完成，他将感知直接与感觉视为同一。 这在出处同上的第371页的段落中得到证明，"就外在的东西的真实性而言，我同样的不需要……"，等等，以及在第372页的这些："我们虽然可以承认"，等等。 从这些段落可以完全清楚地看出：在康德看来，对在空间中的外在事物的感知是先于应用一切的因果性法则的，这些因果性法则因而并不是作为直观的要件和前提条件归属于直观：单纯的感官感觉对于他马上就是直观了。 仅仅只是在我们诘问，在超验的意义上，那存在于我们之外的会是什么，亦即在诘问那自在之物本身时，人们在说起直观时才一并谈论到因果性。 此外，康德还认为因果性法则唯独是在反省思维、因而是在抽象的、清晰的概念认识当中存在和有其可能，因此，他丝毫没有预料到对因果性法则的应用是在一切反省性思维之前的，而这明显就是事实，尤其是在经验感觉直观的情形里，因为如果不是这样的话，那经验感觉直观是永远不会产生的，正如我在上面的分析里无可辩驳地证明了的。 因此，康德必须对经验直观置之不论。 这经验直观对于他，就像是得之于某一奇迹，纯粹只是感官的事情，是与感觉同时发生的。 我非常希望深思的读者们查阅我所引述的康德的那些

100 段落，以便清楚明白我对那整个情形和过程的把握正确得多。 康德的那个异常错误的观点一直在哲学文献中持续存在，因为没有任何人敢触碰这一观点，而我在此是第一个清理这观点的人，因为要澄清我们认知的工作原理，这是必须做的事情。

此外，那由康德提出的观念论的基本观点，根本不会因为我对这事

情的纠正而有所损失；事实上，那反倒有所获益，因为在我这观点里，对因果性法则的要求已经融合和消失在经验直观之中，这经验直观已是因果性法则的产物，所以，这要求不再适用于对自在之物的十足超验的诘问。 也就是说，假如我们回过头来看看我上述的有关经验直观的理论，那我们就会发现：经验直观的原初资料、那些感官感觉，彻头彻尾就是主观（主体）的，是机体之内的事情，因为那是在皮肤之内发生的。至于感觉器官的这些感觉，就算是由外在的原因所引起，也与这些原因的状况和特性没有任何相似之处，例如，糖与甜味没有任何相似之处，玫瑰与红色没有任何相似之处——这已经由洛克详尽地和透彻地分析过了。 至于感官感觉仍必须具有某一外在的原因，那是基于一条其源头经证明就在我们自身、就在我们脑髓的法则，因而最终就跟感觉本身是同样的主观。 事实上，时间——这每一种可能的变化的首要条件——也是在那一产生以后才会出现因果性概念应用的变化的首要条件；还有空间，只有这空间才将某一原因作为客体置于外在变为可能——这时间和空间，就正如康德毫无疑问证明了的，是智力的一种主观形式。 我们因此发现经验直观的全部要件就在我们的自身，这里面所包含的东西，没有一样是确切指示了某些绝对与我们不同的东西，某一自在之物本身。 但还有：在物质的概念之下，我们想到的是假如我们去掉身体的形式和一切身体所独有的特性以后那身体所剩下的东西，而这些形式和身体独有的东西，也正因此在所有的身体那里都必然是完全同样的东西。 但被我们废除了的形式和特性现在却不是别的，而是那些身体的

101

特别的和专门的作用方式，这些作用方式恰恰构成了它们的差别。因此，假如我们撇开这些作用方式不论，那所剩下的东西就是单纯的活动、如此这般的纯粹作用、那在客观上思维的因果性本身，因而是我们自身理解力的反射，是投射于外在的理解力唯一功能的映像，而物质就完完全全是因果性而已：其本质就是作用（参看《作为意欲和表象的世界》第1卷§4第9页和第2卷第48页及后面）。正因此，纯粹的物质是不可以被直观到的，而只能被思维：那是我们补充考虑进每一现实、作为其基础的东西。这是因为纯粹的因果性，没有特定作用方式的单纯作用，是不可以直观到的，所以是不会出现在经验中的。物质因而只是纯粹理解力的客观（客体）对应物，也就是因果性，此外，就什么都不是了，正如因果性根本上就是对原因与结果的直接认识，除此之外，就什么都不是了。那同样因为这样，因果关系法则无法应用在物质本身，也就是说，物质既不能生成，也不能消亡，而是恒存的。这是因为既然偶然性的一切变易（各种形式和特性），亦即一切生成和消亡，只是由于因果性而出现，而物质本身就是客观把握到的如此这般的因果性，那因果性就无法在其自身那里发挥威力，正如眼睛可以看到一切，却只是看不到自己。再者，既然"实体"或说"实质"（Substanz）与物质是同一的，那我们就可以说：实体就是抽象中把握的作用，偶然、附属性是作用的一种特别方式，是具体中的作用。这些因此也就是真正的、亦即先验的观念论引出的结果。至于我们并不可以通过表象的途径抵102 达自在之物本身，亦即抵达表象之外所存在的东西，而是为此目的必须走一条完全不一样的、经由通往事物内在的途径，就好比是透过买通背叛者以打开堡垒之门——这我在我的主要著作中已经阐明了。

但假如将在此诚实和深刻给出的有关经验直观的组成要件分析（而这些要件表明就是主观的），与费希特的将"我"和"非我"几何式地划等号及其诡辩的假冒证明（这些东西要欺骗读者的话，就需要不知所云，甚至胡说八道的外衣）或者与那"我"是如何从自己本身编出"非我"的论述，一句话，与他那科学空论的闹剧作比较或相等同，那这明白无误就是诈骗和诡辩，而不会是别的。 我抗议所有的与这费希特有任何关系的说法，这就跟康德公开地和明确地在《耶拿文论报》的一个特设通告中对此所提出的抗议（康德，《有关费希特的科学学说的申明》，《耶拿文论报》，1799，第 109 期）差不多。 无论黑格尔门徒和类似的无知者如何谈论一种康德—费希特的哲学，事实上就只存在一种康德哲学和一种费希特的轻浮货色。 这就是事情的真相，并将永远是这样，尽管人们极力吹捧劣品和轻视优秀的东西，而这情形在德国比在任何别的国家尤甚。

§22 论直接的客体

正是身体的感官感觉，给了因果性法则以最先应用的资料，由此就产生出了对这一类客体的直观，这一类客体的本质和存在就只是借助于和就在于施展所出现的理解力功能。

那么，因为那有机的身体是对所有其他客体的直观的出发点，亦即这些直观的促成者，所以，我在这篇论文的第一版已经称其为直接的客体，但这称呼却只可以适用在非常不严格的意义上。 这是因为尽管对其身体感觉的感知是全然直接的，但这感觉本身却一点都不会因此就表现为客体，一切就此而言仍是主观（主体）的，也仍就是感觉。 从这些感觉当然会产生出对这些感觉的原因，亦即对其他客体的直观，因为那些感觉，那些原因就表现为客体，但那身体本身却不会是这样，因为身体在此只是给意识提供感觉，它也只是在客观上，亦即作为客体被间接认出，因为它就像所有其他客体那样，在理解力或说在脑髓（这是同样的东西）中被理解为在主体中出现的作用效果的原因，并因此在客观上表现出来；而这只能以此方式才会发生：它的部分作用于它自己的感官，亦即那眼睛看见那身体，那手触摸到那身体，等等，而基于这些资料，那脑髓或说理解力对这身体就像对待其他客体那样，根据其形态和特质，在空间中建构起来。 这一类表象在意识中的直接存在，因此是有赖于它们在那连结着一切因果链中所获得的相对于那认知一切的主体的身体的位置。

§23　对康德有关因果性概念的先验性证明的反驳

阐明因果性法则对一切经验的普遍适用性、其先验性以及由此产生的仅局限于经验的可能性，就是《纯粹理性批判》的一个主题。 但是，对在这著作中就这定律的先验性所给出的证明，我是不能同意的。 这证明基本上是这样的："通过想象力对多种多样东西的综合（这对一切经验知识都是需要的）提供了接续性，但却没有给出任何确切的东西，亦即这综合导致了无法确定在那所感知的两种状态中，哪一种是先行的，这说的不仅是在我的想象力那里，而且也在客体那里。 但这接续性的确切顺序——唯有通过这顺序，所感知到的才成为经验，亦即让我们有合理理由得出客观上有效的判断——也只有通过有关原因与结果的纯粹理解性概念才会出现。 因此，因果性关系的原则是经验可能性的条件，并且是先验给予我们的。"（参见《纯粹理性批判》第1版第246页）

104

据此，真实客体的变化的接续性顺序也只有借助于真实客体的因果性才会被理解为一样客观的接续性顺序。 康德在《纯粹理性批判》，特别是在他的《经验的第二个类推》（第1版第189页；第5版第232页则更为充分）中，然后是在他的《经验的第三个类推》的结论处重申和说明了这一宣称。 我请每一个想要明白接下来我所说的人细读上述那些地方。 康德在这里都宣称：表象接续的客体性——康德声称这是与真实客体的接续性协调一致的——仅仅是通过真实客体据以互相紧随的规律，亦即通过因果性法则而被认识到的；因此，通过我单纯的感知，那互相紧接着的现象的客观关系是不确切的，因为这样的话，我就只感知到我的表象的次序，但在我的理解中的次序却并没有给我合理的理由对在客体中的次序作出任何判断——假如我的判断并不是基于因果性法则的话；因为除此之外，既然并不存在任何东西去规定它们为客观上的东西，那在我的理解中也会完全颠倒那感知接续性的次序。 为说明这宣称，康德举出了一个屋子的例子，对其部分我们可以以某一任意的顺序考察，例如，从上到下和从下到上。 在这种情况下，对顺序的确定就只是主观的，并不是基于任何客体，因为这取决于他的主观任意。 作为与此对照，康德提出了对一只在河中顺流而下的船只的感知：他首先和接续地感知到这船越来越往河流下方而去，而这对船只各个位置的接续性的感知，他是无法改变的，因此，他在此就从现象中的客观次序推导出它们理解中的主观次序，而前者因此就被称为事件。 相比之下，我则断言：这两种情形是根本没有区别的，两者都是事件，对其认识是客观（客体）的，亦即这是有关真实客体的变化的认识，主体认识到这就是真实的客体。 两者都是两个物体的位置或状态互相之间的变化。 在第一种情形里，这其中的一个物体是观察者自己的身体，并且只是这身体的一部分，亦即眼睛，另一个物体就是那屋子，而相对于这屋子的各个部分，眼睛的位置接续地在变化。 在第二种情形里，那船只改变了其相对于水流的位置，因而是在两个物体之间发生了变化。 两种情形都是事件，唯一的区别就是：在第一个情形里，那变化是出自观察者自己的身体，其感觉虽然是对那些变化的所有感知的出发点，但却仍然是客体中的一个客体，因而是服从于这客体世界的法则的。 他的身体依照其意欲的运动，对他来说，只要他是处于纯粹的认知状态，那仅仅只是一个经验的、被感知的事实。 变化的接续性次序在第二种情形也能够像在第一种情形中那样倒转过来——只要那观察者有力量将船只拉着逆流而上，就正如他有力量将他的眼睛朝着与第一种情形相反的方向运动。 这是因为从对屋子部分的感知的接续性是基于观察者的主观任意，康德想要得出推论：这感知的接续性并不是客观的和并不是事件。但他的眼睛从屋顶到地窖方向的运动却是一个事件，而相反的、从地窖到屋顶方向的眼睛运动则是第二个事件，与那船只的航行几乎是一样的。 在此，并不存在任何差别，一如在事件方面，我从一队士兵旁边走过，抑或一队士兵从我旁边走过，并没有差别一样：两者都是事件。 假如我从岸上将目光盯着一艘距离很近、从岸边驶过的船只，那很快，在我看来，岸边与我一道似乎就在移动，而那船只就像是静止一般。 在这种情况下，虽然我们在相对的地点变化的原因上搞错了，但我的身体与船只的相对位置的真正接续性，我却是客观和准确认识到的。 康德，在他所举出的情形里，也不会相信找到某一差别，假如他考虑到：他的身体是客体中的一个客体，他经验直观的接续性取决于其他客体对它的身体影响的接续性，所以，是一种客观的接续性，亦即在客体中是直接(尽管不是间接的)独立于主体的主观任意而发生的，因此是很好认出的，并不需要对它身体接续发挥作用的各个客体处于一种互相之间的因果性关联之中。

康德说，时间是不会被感知的，因而在经验上，表象的接续是不会被感知为客观(客体)的，亦即无法将现象的变化区别于只是主观表象的变化。 只有透过因果性的法则——而这是一条根据各个状态而彼此接续的规则——才能认识到一样变化的客观性。 而他的宣称的结果就是：

我们根本不会将时间上的结果感知为客观的，除了那些从原因到结果的之外；每一其他被我们感知到的现象的接续，就只是由我们的主观任意、而不是由其他所确定。针对所有这些，我必须提及这一点：各个现象也很可以是一个接着一个，而不必是一个出自另一个。而这并不有损于因果性法则。这是因为这一点是确切的：每一个变化都是另一个变化的作用结果，这是先验确定了的；只不过每一个变化并不是跟随着那唯一的、是其原因的变化而来，而是跟随着所有其他的、与那原因同时存在的变化而来，只是那原因与所有其他的变化并不存在任何因果性的关系而已。这一变化并不正好是在原因系列的次序中被我所感知，而是在另一完全不同的、其在客观上却并不因此就减少分毫的原因系列的次序，这原因系列次序也与一种主观的、依赖于我的主观任意的原因系列次序大有区别，这后者就类似于，例如，我头脑中幻影的原因系列次序。事件在时间上的、但又不是处于因果关系之中的顺序，恰恰就是我们称为偶然（Zufall）的东西，而 Zufall 一词，就是来自并没有互相关联的东西的"相遇"（"Zusammentreffen"）和"同时发生"（"Zusammenfallen"），同样，希腊词 $\tau\grave{o}$ $\sigma\nu\mu\beta\epsilon\beta\eta\kappa\acute{o}s$ 也来自 $\sigma\nu\mu\beta\alpha\acute{\iota}\nu\epsilon\iota\nu$（参见亚里士多德，《后分析篇》，1，4）。我走出屋门前，一块瓦片从屋顶掉下来砸中了我；那么，这瓦片从屋顶掉下来与我走出屋子并没有任何的因果关联，但是，我走出屋子先于瓦片掉下来的接续性，在我的理解中是客观确定的，并不是由我的直观任意所决定，否则，那事情的顺序就会倒转过来了。同样，某一乐曲的音声接续是客观上确定的，而

107

不是由我这听者主观上确定的；但谁会说乐曲的音声是根据原因和结果的法则依次而出的呢？甚至那白天与黑夜的相续也毫无疑问被我们认识到是客观的相续，但它们肯定不会被理解是互为原因和结果，而至于其共同的原因，直至哥白尼的到来，全世界都犯错了，但对其接续的正确认识却并不为此而受到干扰。顺便一说，休谟的假设也由此遭到了驳斥，因为白天和黑夜最古老的和毫无例外的次序，还不曾由于那习惯性而误导任何一个人认为那就是互为原因和结果。

康德在与上述同一出处的地方说：一个表象就只是以此方式显示为客观现实（那也就是与单纯的幻象区别开来）：我们认出其与其他表象有必不可少的、遵循着一条规律（因果法则）的联系和在我们表象的时间关系的某一秩序中有其位置。但我们所认识的、由因果性法则给予了在因果系列中的位置的表象，却是少之又少！但我们却始终知道将客观的表象与主观的表象、将真实的东西与幻想区分开来。在睡眠中，由于我们脑髓与末梢神经系统是分离的，也因此是与外在印象分离的，所以我们无法做出那种区分，因此，在我们做梦的时候，就会将幻想当作是真实的东西，也只有醒来的时候，亦即在感觉神经重新加入和外在世界因此再度进入意识时，我们才会认出了差错——尽管在睡梦中，只要那睡梦没有中断，因果性法则仍保有其权利，仅仅只是常常有一种不可能的素材被塞进了睡梦之中而已。我们几乎要相信康德在写下上述段落时，是受到了莱布尼茨的影响，尽管康德在其他情况下是反对莱布尼茨的整套哲学的——也就是说，假如我们注意到莱布尼茨在《人类理解新论》(第 4 卷，第 2 章§14)中有完全相似的意见，例如："可感觉之物的真实性只在于现象与现象之间的有其根据的关联，正是这一点将这些与幻象区别开来。 ——真正的标准，在可感觉之物方面，就是现象与现象之间的关联：这保证了在我们之外的可感觉之物方面的事实的真实性。"

在这对因果性法则的先验性和必然性的证明中，即我们只是通过因果性法则的媒介才认识到变化的客观接续，并且，在这方面，因果性法则是经验的前提条件——康德明显犯下了一个至为古怪的和如此容易感知的错误，以致对此的解释，只能是康德过深地沉浸于我们认知的先验性部分，而这让他并没有看见每一个人通常都必然会看到的东西。 对因果性法则的先验性的唯一正确证明，我已在本著作§21给出。 那种先验性在每一刻都可以此得到证明：我们在一切经验情形里，都不可动摇地确信和意料到：这些情形是依照这因果性法则而发展和得出的结果，亦即我们认定这一法则是不容置疑的，而这种不容置疑性与每一别的基于归纳法而奠定起来的可靠性，例如，与经验中所认识的自然法则所具有的可靠性，在这一点上是有区别的：我们甚至不可能认为这一因果性法则在经验世界中的任何地方会有例外。 我们可以例如想象引力的法则会在随便什么时候停止发挥作用，但却不会想象这是没有原因而发生的。

康德在其证明中犯下了与休谟相反的错误。 也就是说，休谟宣称所有的后果都只是次序结果，而康德则认为除了从原因引出的后果以外，并不存在任何其他的次序结果。 纯粹的理解力当然就只可以理解后果，但对单纯的次序的理解，就跟对左、右的差别的理解一样，是同样的少；也就是说，左、右就恰如次序那样，只是由纯粹的感官感觉所把握。 事件在时间中的次序确实可以（这是康德在出处同上的地方所否认的）在经验中认出的，就如同认出事物如何在空间中并存一样。 但对某样东西是如何在时间中以次序的方式跟随另一样东西，就跟对某样东西是如何作为后果出自另一样东西一样，都没有怎么得到解释：对前者的认识是通过纯粹的感官感觉，对后者的认识则是由纯粹理解力所给予和以纯粹理解力为条件。 但康德，因为他声称现象的客观次序只由通过因果性的引线而被认识，所以，他就陷入他（《纯粹理性批判》第 1 版第 275 页，第 5 版第 331 页）所指责的莱布尼茨的同样错误之中，即“他理智化感官感觉的形式”。 对于接续性，我的观点是：从隶属于纯粹感官感觉的时间形式中，我们吸取了只是接续性的可能性的知识。 现实客体的接续性——时间就是其形式——是我们经验中认识的，所以我们认识到这些是真实的。 但两种状态的一种接续，亦即一种变化的必然性，却是我们只由理解力借助于因果关系才能认识；我们具有某种接续的必然性的概念，就已经是一个证明：证明了因果性法则并不是从经验中认识到的，而是一条我们先天就有的法则。 充足根据律根本上表达了存在于我们认知功能的最内在深处的基本形式，那是我们的一切客体，亦即表象的一种不可缺少的连接，是一切表象的共同形式，是必然性概念的唯一根源，而必然性，除了表示一旦有了根据原因，那后果就

110

会出现以外，实在并没有任何其他真实内容，也没有证据。至于在我们现在所考察的一类表象——在这一类表象中，根据律呈现为因果性法则——那同一个法则决定了时间的次序，是因为时间是这些表象的形式，因此，那必然的连接在此就一般显现为接续。在根据律的其他形式中，那根据律无论在任何情况下都要求的必然的连接，就显现为与时间的形式完全不同的其他形式，因此不会显现为接续的形式，但却永远保留着一种必然连接的特性，那充足根据律的各个形式的同一性，或更准确地说，一切法则的根源的一体性——充足根据律就是对此的表达——由此显露出来了。

假如康德那受到我的质疑的看法是正确的，那我们就只是从接续的必然性认识到接续的真实性；但要理解到必然性却是以一种同时包含了所有的原因和结果的系列、因而是以一种全知的理解力为前提条件的。康德将不可能的事情加于理解力，目的只是为了更少需要到感官感觉。

康德这一主张，即接续的客观性唯一只能从原因到结果的必然性中认识到，又如何与那另一主张（《纯粹理性批判》第 1 版第 203 页，第 5 版第 249 页）联结得起来，即判断两种状态中的哪一种是原因和哪一种是结果的经验标准，就只是接续性？谁在此看不出那种明显的循环呢？

假如那接续的客观性只是从因果性中看出来，那接续性就只会被思维为因果性，而不会是除此以外的东西。这是因为假如那是另外别的东西，那它就会有别的不同于其他的、让人们得以认出的标记，而这恰111 恰是康德所否认的。所以，假如康德是对的话，那人们就不会说："这一状态是那一状态的结果，因此，这是依照次序接续而出的。"相反，次序和结果就会是同样的东西，那一命题就是同义重复的。所以，在取消了次序和结果的差别以后，休谟也就再度是对的：他宣称一切结果仅仅只是次序，因而同样是否定那差别的。

康德的证明因而可以限定为这一点：我们在经验上只认识接续的真实性，但既然我们此外也认识在某些系列事件中那接续的必然性，甚至在一切经验之前就知道每一可能的事件必然在某一这样的系列中有其某一确定的位置，那么，就已经可以由此得出因果性法则的实在性和先验性，对于这后者，上面在§21所给出的证明是唯一正确的。

与康德的理论——即客观的连续性只有通过因果关联才成为可能和才可以被认识——相并行的，还有另一种理论，即同时存在也只有通过互相作用才成为可能和才可以被认识，这一理论在《纯粹理性批判》中是在"经验的第三个类推"标题之下阐述。康德在此甚至这样说："那些并不是互相作用，而是例如由一个空荡的空间分隔开来的现象的同时存在，就不会是某一可能的感知的对象"（那就会是一个先验的证明：证明了在恒星与恒星之间是没有任何空荡的空间的），还有"那在我们的眼睛与星体之间闪耀的光亮"（这种用词硬塞进了这一想法：那星体的光亮不仅作用于我们的眼睛，我们的眼睛也作用于光亮），"造成了我们与这些星体之间的一种关系和证明了后者的同时存在"。这最后的说法甚至在经验上也是错的，因为看到了一个恒星一点都没有证明这恒星与观看者是同时存在的，而顶多不过是证明了那恒星在若干年前、很多时候仅仅只是在千万年前曾经存在。 此外，康德的这一理论是与那第一个理论共存的，只不过看穿这一理论要容易得多，而且，那有关相互作用的整个概念的空洞无物，在上面§20已经说过了。

　　人们也尽可以将我这对康德证明的驳斥，与更早时候驳斥这同样证明的两篇文章作一番比较，费德尔在《论空间和因果性》§29和G.E.舒尔策在《理论哲学批判》第2卷第422页以下。

　　我是不无相当的怯意和犹豫，去冒险(1813年)提出意见，反对一个主要的、被视为证明了的和仍在最近的文字作品(例如，费利斯，《理性批判》，第2卷第85页)中重复的理论，而这理论的作者又是一个我赞叹和尊崇的、具深刻思想的人，我感谢他和归功于他的是如此之多与如此之巨，以致他的精灵可以用荷马的话对我说：

　　　　我也除掉了覆盖着你的双眼的薄雾。

§24　对因果性法则的误用

　　根据到现在为止的分析，每当我们把因果性法则应用于除了我们经验中的物质世界所发生的变化之外的任何其他地方，例如，将因果性法则应用在自然力，那就是对因果性法则的一种误用，因为根本上是由于这些自然力，诸如此类的变化才成为可能；或者，将因果性法则应用于变化所发生的物质；或者，应用于宇宙，而为此就必须认为那宇宙有着一种绝对客观的、并不会是以我们的智力为条件的存在；除此以外，还有各种各样的误用。 我在这里建议读者阅读在《作为意欲和表象的世界》第 2 卷第 4 章第 42 页及后面（这一版本第 744 页）就此论题所表述的。 诸如此类的误用的根源始终就是：一，人们对原因的概念，一如在形而上学和伦理学的无数其他的概念，理解得太过广泛了；二，人们忘记了因果性法则虽然是我们来到这世界就随身已有的一个前提条件，这让对我们身外的事物的直观成为可能，但我们却不能因此就有合理理由将这样一条出自我们认知功能装置的原则视为除此之外和独立于我们的认知功能、作为世界和一切存在之物的独立存在的永恒秩序的东西。

§25　变化的时间

　　因为变易的充足根据律就只是应用于变化，所以，在此就不能不提到：古老的哲学家早就提出了这样的问题：变化发生在什么时间？ 也就是说，那变化不会是在之前的状态仍在的时候发生，也不会是在新的状态出现以后才发生。 但假如我们为此给予在这两种状态之间的一个特别的时间，那在这时间里，那物体既不是在之前的状态中，也不是在第二种状态之中，例如，一个垂死之人，既不是死了的，也不是活着的；一个物体既不是静止的，也不是运动着的——而这是荒谬的。 有关此论题的异议和小题大做，人们可在塞克斯都·恩披里柯的《反数学家》卷 9，第 267—271 页和《皮浪学说概要》3，第 14 章集中看到；在格利乌斯，卷6，第13章中也可看到某些相关的东西。柏拉图相当鲁莽地打发掉了这些困难之处，因为柏拉图在《巴曼尼德斯篇》（比蓬蒂尼版，第2138页）声称；那些变化是突然发生的，并没有占用任何时间；它们是"突然发生"的，柏拉图称其为一样"并不在任何时间之中的古怪事情"，亦即一样奇妙的、没有时间的事情（但这却是在时间中出现的）。

因此，这一棘手的事情就留给了具有洞察力的亚里士多德去厘清，而亚里士多德在《物理学》第6部第1—8章中彻底和详尽地做了这工作。他的证明——即没有什么变化是突然发生的（柏拉图所说的"突然"），其实，每一种变化都只是逐渐发生，因而是占用一定时间的——完全是在对时间和对空间的先验纯粹直观的基础之上进行的，但也是非常微妙的。这一非常冗长的证明过程的基本点，充其量可以还原为下面的几个原理。边界相互接壤的意思是双方共有最外面的端梢：因此只有两个延伸的东西，而不是两个不可分的东西（因为否则的话，它们就是一个了）才能够边界相连；因此只有线，而不是点才能边界相连。这一点可以从空间套用到时间上。正如在两点之间永远有着一条线，同样，在两个"现在"之间永远有着某一时间。这就是变化发生的时间——也就是说，假如在第一个"现在"是一个状态，在第二个"现在"是第二个状态。这一时间，就像每一个时间那样，是无限可分的，因此，在这时间里变化着的东西经过了无限之多的等级，以这样的方式，从那第一种状态逐渐地产生那第二种状态。对此作这样解释的话，就会通俗易懂了：在两个接续的状态——其差别是我们的感官感受到的——之间，总是存在着多个的、其差别是我们无法感知的状态，因为那新出现的状态要变得感官上可感知的话，就必须达到某一程度或者某一大小范围。 因此，在新的状态之前，是更弱的等级或者更少延伸的范围，这新状态就是经过了这些而逐渐产生和形成的。 这些总括在一起，就是我们在变化的名下所理解的；变化所填充的时间则是变化的时间。 假如我们将这应用于一个被撞击了的物体，那紧接着的结果就是这物体的内部部分的某种振荡，而在这推动通过这些部分传开了以后，这作用结果就爆发为外在的运动。 亚里士多德相当正确地从时间的无限可分性中得出结论：一切充塞这时间的东西，因此每一种变化，亦即从一种状态过渡到另一种状态，必然是同样的无限可分，以致所有产生和形成的东西，事实上是从无限的部分走在了一起，所以，总是逐渐的，而永远不会是突然的。 从以上的原则和从由此接续逐渐产生的每一运动，亚里士多德在这部书的最后一章得出了这重要的结论：任何不可分的东西，因而就是单纯的点，是不可以运动的。 而康德对物质的解释，即物质是"在空间中运动之物"，美妙地与此吻合。

这因而是由亚里士多德首先提出和证明了的一切变化的接续性和逐渐性法则，我们发现康德在《论可感世界和可知世界的形式和原则》§14中，在《纯粹理性批判》第 1 版第 207 页和第 5 版第 253 页，最后，在《自然科学的形而上学基础》中的"对力学的总说明"的结尾三次作了阐述。 在这三处地方，他对这话题的阐述是简短的，却不如亚里士多德的那样透彻，但在基本的方面，却是完全吻合的。 因此，康德

115

直接或者间接地从亚里士多德那里承接了这些思想，这的确是没有可怀疑的了，尽管康德并不曾在任何某一处提到亚里士多德的名字。 亚里士多德的命题（断言）："两个瞬间互相接壤，是不可能的"，在此复述为，"在两个瞬间之间，永远有着某一时间"，而对此说法，人们可以反驳说，"甚至在两个世纪之间，也没有任何的时间，因为在时间中，正如在空间中，"必定有着某一纯粹的边界。

因此，康德并没有提到亚里士多德，而是在其上述第一个和最早的阐述中，将他所陈述的理论视为与莱布尼茨的连续律相等同。 假如这理论与莱布尼茨的连续律真的是同样的东西，那莱布尼茨就肯定是从亚里士多德那里拿来的。 然而，莱布尼茨（根据他的自述，《哲学著作》，艾德曼编辑，第 189 页）是在一封致贝尔的信中（同上书，第 104 页）最先提出这连续律的，但在此信中，他却把这称为"普遍秩序的原理"，并在这名下，给出了一段非常泛泛的和不确定的、主要是几何学的推论，而这与变化的时间是根本无关的，他也一点都不曾提到这变化的时间。

第五章　论对主体而言的第二类客体和在此占主导地位的充足根据律形式

§26　对这一类别的客体的解释

人们自古以来就将人类与动物的根本性差别归因于一种为人类专门独有的、相当特别的认识能力或功能，亦即理性，而这唯一根本性差别就在于：人类拥有的一类表象是动物所没有的。那就是概念，因而就是抽象的表象，与直观的表象相对立；但抽象的表象却是从直观的表象中提取的。这所带来的最直接的后果，就是动物既不会说话也不会¹¹⁶笑；间接的后果就是将人类生活与动物生活突出区分出来的那所有许多许多的重要的一切。这是因为由于添加了抽象的表象，动因现在就有了另一种性质。虽然人的行为的必然性，在严格、精确方面并不输于动物行为的必然性，但经由这种性质的动因——只要那些动因在这里是由思想所组成，而这就让抉择（亦即衡量所意识到的各个互相冲突的动因）变得可能——那带有意图、伴随着算计、依照计划和准则的行事，与别人协调一致的行动，就取代了仅是通过眼前直观所见的对象物而凭本能的行为行事，但这样也就带来了造成人生如此丰富、如此造作和如此可怕的一切东西，以致人们在西方——在此，人的皮肤变成了白色，他们家乡的古老、真正和深刻的原始宗教无法跟随着他们——不再认出他们的兄弟，而误以为动物是某些从根本上与他们有别的东西，并且为了加固这一错误认识而称呼动物为野兽，对它们身上那些与人类共同的生命功能，则予以侮辱性称呼，并声称它们是没有任何权利的，因为人们使得自己顽固不承认那就在眼前的动物与人在本质上的同一性。

　　但是，正如所说的，那全部差别就在于这一点：除了我们在前一章所考察的、动物也有的直观的表象以外，人类在其脑髓中也有抽象的，亦即从直观表象中抽取的表象，而人的脑髓主要是为此目的而庞大了许多。人们将这样的表象称为概念，因为这每一个概念都概括了无数的个别事物，因而是这些东西的全部。我们也可以将之定义为从表象中抽取的表象。这是因为在形成这些概念的时候，那抽象功能把在前一章中讨论的完整的、因而是直观的表象拆卸为各个成分，目的是要把这些分开了的东西，每一样都能够独自思维为事物的不同的特性或说关系。但在这过程中，表象却必然地失去了直观性，就正如水，分拆成各个成分的话，就失去了其液体流动性和可视性。这是因为虽然如此剔出（抽象出）的特性可以单独地思考，但却因此而不可以单独地直观。一个概念的形成，根本上就是要从直观所见那里去掉许多东西，以便在这之后能够单独以这余下的东西作思考：这因此就是以少于直观所见来思考。假如人们在考察不同的直观对象物时，从这每一样东西去掉了某些别的东西，但在所有东西那里都保留了同样的东西，那么，这就是那一物种的类。据此，每一"类"的概念，就是在其之下所包括的每一

"种"的概念——但却是去除了所有并不属于所有"种"的东西。 但每一个可能的概念都可以被思维为一"类"，因此，那一概念就是一样普遍和泛泛的东西，作为这样的东西就是一个非直观之物。 这就是为什么它会有一个含义圈，这含义圈是人们通过这概念所能想到的一切概略。 我们在抽象中上升得越高，那也就除掉得越多，因而思想到的东西就越少。 最高的、亦即最普遍的概念是最空泛的和最贫瘠的概念，到最后就只成了轻飘飘的外壳，诸如"存在""本质""事物""成为"，等等。 顺便一说，那只是由这诸如此类的概念而异想天开出来的、其素材就是这一类轻飘飘的思想空壳的哲学体系，又能弄出些什么名堂？它们必然是极度空泛、贫瘠和因此是无聊得让人窒息的。

　　那么，就像所说的，既然那被精炼为抽象概念和在这过程中遭分解了的表象失去了所有的直观性，那它们就会从我们的意识中完全溜走，就会一点都无法做出本来是要其做出的思维运作——假如它们不是通过主观任意的标志符号在感官上记录下来和固定下来的话。 而这些就是字词。 因此，这些字词，只要其构成了词典的内容，因而构成了语言的 ¹¹⁸内容，就始终标示了普遍的表象、概念，而不是直观的事物；而一一列出了个别事物的一部词典，包含的并不是字词，而完全就是专有名词，它要么是一部地理的词典，要么是一部历史的，亦即所列出的要么是由空间、要么是由时间所零星分散了的东西，因为正如我的读者所知道的，时间和空间是个体化原理。 纯粹因为动物是局限于直观的表象和没有任何抽象的能力、因而没有任何的概念，所以，动物是没有语言的；就算它们能够发出字词的声音。相比之下，它们却明白专有名词。至于那同样的缺陷把它们排除在笑之外，这在《作为意欲和表象的世界》第1卷第1篇§13和第2卷第8章中我的有关"可笑"的理论已经清楚表明。

假如我们分析一个没有文化的粗人较长的和连贯性的说话，会发现在其中，丰富的逻辑形式、各种各样的结构、成语、差别和细腻区分都准确地表达了出来，所借助的是语法的形式及其词形变化和结构，以及间接引语的频繁运用、动词的不同方式等等，所有的一切都符合规定，以致让人吃惊，并且，我们在这里面肯定看到了一门范围非常广泛的和紧凑联系起来的科学。但这一科学的获得是要以把握直观世界为基础，而将直观世界的整个本质沉淀在抽象概念里面则是理性的根本任务，这一任务也只有借助于语言才能完成。伴随着学习这语言，那理性的整个运作原理，也就是说，那逻辑的本质性东西，就会引入意识之中。很明显，在精神上不花大的力气、没有全神贯注的注意力，这是不可能发生的，是小孩的学习欲望让他们有了这方面的动力，而这动力是强劲的——一旦这学习欲望看到了真正有用的和必不可少的东西；也只有在我们试图将并不适合小孩的东西强加给孩子的时候，那种学习欲望才会显得微弱。因此，在学习语言及其所有成语和细腻之处时，无论是借助于倾听成年人说话，还是通过自己说话，小孩——哪怕只是粗糙养育的小孩——都会完成其理性的发展和获得那真正具体、实际的逻辑，因为这种逻辑并不在于逻辑的规则，而直接在于对逻辑规则的准确

119

应用，正如一个有音乐天赋的人并不需要阅读乐谱和通奏低音，只是根据倾听而演奏钢琴就可学会和音的规则。 通过学习语言所获得的上述逻辑训练，只有聋哑人才无法持续进行，所以，他们就几乎与动物一样没有理性——假如他们不是通过学习阅读而获得适合他们的、相当人为的培训的话，而这种学习阅读对于他们，就是对理性的那种自然训练的代替品。

§27　概念的用处

我们的理性，或说思维功能，正如上面所指出的，其本质就是抽象的功能，或说形成概念的能力。 因此，是这些概念在意识中的存在，带来了惊人的结果。 而这之所以能够做出如此成绩，根本上是基于下面所说的。

正因为概念所包含的内容，要少于概念所抽象的表象，所以，概念要比表象更容易操作，与表象的关系，就跟高等算术的公式与公式所出自的和所代表的思维运作的关系差不多，或者，就类似于对数与其数字的关系。 从许多表象中——概念就抽取于这些表象——概念就只是刚好包含了人们所要用的部分。 假如人们想要通过想象力具体想象起那些表象本身，那就好比要随身携带一批非关键性的东西和因此陷入混乱；但现在，透过运用概念，人们只要想到所有这些表象中为每一次目的所需的部分和关系就可以了。 对其使用因此就可比之于扔掉多余的行李，或者，比之于采用花草的提取物，而不是花草植物本身，使用奎宁 120

（金鸡纳霜），而不是金鸡纳树皮。 根本上，智力所从事于概念的操作，亦即现在我们所正考察的一类表象在意识中的存在，也就是本来的和在狭义上所称的思维。 这也是"反射性、反省性思维"（"Reflexion"）一词所标示的东西，而这词，作为一个光学上的转喻，同时也表达了这种认知方式推论的和次要的特性。 这种思维、这种反省给予了人们那种动物所没有的审慎思考。 这是因为，由于这让人们能够透过一个概念想到千百样的事物，而每一个概念却只让人们想到本质性的东西，所以，人们也就可以随心所欲去掉各种各样的差别，甚至去掉空间和时间的差别；这样的话，人们在思想中也就获得了对过去和将来、也对不在眼前的东西的统览。 反观动物，却在各方面都被束缚于现时此刻。 这种审慎思考，亦即回想、反省的能力，同样是人的一切理论性和实践性成就的根源；由于这一能力，人也就对动物拥有如此之大的优势，也就是说，这首先导致人们考虑过去、筹谋未来，然后是就每一企图和打算而有目的地、有计划地、按部就班地去实施，并因此协同和集中许多人为着一个目标而努力，所以，就导致了秩序、法律、国家等等。 概念尤其是科学的真正材料，因为科学的目标归根到底可说是透过普遍性的东西以认识特殊性的东西，而认识普遍性的东西，则只有借助于这"断定任一物和无一物"*才成为可能，而这又只有通过概念的存在才

---

* 这是亚里士多德的一条逻辑定理，意思是对某一类别的肯定或者否定，就是对这一类的每一个别东西的肯定或者否定。

得以成为可能。因此，亚里士多德说了："没有普遍性的东西，那知识也就不可能。"（《形而上学》12，第9章）概念恰恰就是那些普遍性的东西，围绕其存在方式，在中世纪，实在论者与唯名论者展开了长期的争论。

§28 概念的代表——判断力

概念，正如已经说了的，是不可以与幻想中的形象混淆在一起的，因为幻象是一种直观的、完整的，亦即单个的表象，但却不是直接由对感官所造成的印象产生出来的，因此也不是属于经验总体的表象。就算幻象被用作一个概念的代表，幻象也要与概念区别开来。假如我们想要概念所出自的直观表象本身，而且是要与这概念吻合一致的，那我们就是将幻想中的形象用作一个概念的代表了，而这永远是不可能的，因为例如，就总起来说的狗、总起来说的颜色、总起来说的三角形、总起来说的数字，并不存在任何的表象，并不存在任何与这些概念相一致的幻象。然后，我们召唤起想象中例如某一只狗的形象，这想象中的形象作为表象必须是完全确定的，亦即具某一大小、特定的形状、色彩等等，然而其所代表的概念并没有如此这般的规定。但在应用一个这样的代表时，我们始终意识到：这对其所代表的概念而言是不足够的，而且充满主观任意的规定。休谟在《人类理智研究》第12篇第1部分的结尾处，同样，卢梭在《论人类不平等的起源》第1部分中间，都表达了与此相一致的观点。但相比之下，康德在有关纯粹理解力概念的图式化的一章中就此所教导的，是相当不一样的东西。只有内在的观察和清晰的思考才可以定夺这桩事情。因此，每一个人都要检查一下他在想到他的概念时，是否意识到一个"先验的纯粹想象力的图案"，例如，在想到狗的时候，是否意识到狗与狼之间的某些东西，或者，他是否根据在此所提出的解释，要么通过理性而思维到了一个概念，要么通过想象而在头脑中有了概念的某一代表，亦即某一完整的图像。

122　　　一切思考，在这字词的更广泛的意义上，亦即一切内在的精神思想活动，需要的要么是字词，要么是想象的图像，没有了这其中之一者，思考也就没有了依凭和支撑。但同时两者却是不需要的，尽管两者可以相互契合在一起以互相给予支撑。狭义上的思考，因而也就是抽象的、借助于字词来完成的思考，要么是纯粹逻辑上的推理——那样的话，那思考就完全停留在其自己的地盘——要么轻触到直观表象的边界，以便与其达成协议，目的是将经验中给予的和直观所把握的东西，与清晰思考出来的抽象概念联结起来，以便完全掌握它们。思考因而要么是为所给出的直观情形寻求涵盖其的概念或者规则，要么是为所给出的概念或者规则寻求证明其的情形。如此特性的思考就是判断力的活动，而且（根据康德的划分）在第一种情形里，是反省的活动；在后一种情形里，则是归纳入概念的活动。判断力因此是在直观的认识方式与抽象的认识方式之间、或说在理解力与理性之间的中介者。在大多数人那里，判断力是残缺不全的，很多时候甚至只是名义上存在[1]；他们就是注定要听其他人指挥的。 我们尽量不要跟他们多说什么——除非不得已的时候。

那借助于直观表象而运作的思维是一切认识的真正内核，因为那追溯到源头、追溯到一切概念的基础。 因此，那是一切真正原初的思想、一切原创性观点和一切发明和发现的创造者——只要在过程中，偶然并没有完成其中最优秀的部分。 在这同样的思维中，理解力的活动是主导性的，正如在那前者，即纯粹抽象的思维中，理性的活动则占主导性地位。 某些长时间在我们的头脑中来来去去游荡的思想是属于理性的，这些东西一会儿裹上这表象的外衣，另一会儿又裹上另一表象的外衣，直到最终清晰了以后，就在概念那里固定下来和找到了字词表达。 123 的确有一些思想是从来都找不到字词表达的，而遗憾的是，这些是最好的思想："它们对字词来说，是太过美妙了。"正如阿普莱伊斯所说的。

但亚里士多德却走得太过了，因为他认为，没有想象图像的话，思考是不可能进行的。 他在这方面的看法——在《论灵魂》3，第3、7和8章，例如，"没有想象图像，灵魂是永远无法思考的"和"如果人要思考某些东西，那人就必须同时以某一现象图像一道思考。"同样，在《论记忆》第1章："思维要是没有想象图像的话，是不可能的。"——

---

[1] 谁要是将这视为夸张的说法，那就看看歌德的颜色理论的命运吧。假如他很惊讶我在此找到我的说法的证据，那他自己也就为此提供了第二个证据了。

却给 15 和 16 世纪的思想家造成了很深的印象，这些看法因此就由他们经常地和强调性地重复。例如，乔瓦尼·皮科·米兰多拉就说："谁要是斟酌和思考，就必然要看着想象图像。"菲利普·梅兰希通在《论灵魂》第 130 页中说："谁要是思考，就必然要在这过程中看着想象图像。"乔尔丹诺·布鲁诺在《论想象的组合》第 10 页说："亚里士多德说过：谁想要知道某些东西，就必须看着想象图像。"甚至普罗提诺在《论不朽》第 54 和第 70 页中表达了在这意义上的看法。总的来说，我们只能这样说：每一真正的和原初的认识，每一真实的哲学命题，都肯定有着某一直观的理解作为其内核或说其根子。这一直观的理解，尽管是刹那间的和同一的，在这之后却将精神和生命传达给整个的分析——无论这分析是多么的详尽——就如同一滴合适的试剂让整个溶液带有所产生的沉淀物的颜色。假如那分析有这样的一个内核，那就像是由在抽屉里备有现金支撑的银行所发行的纸币；而每一其他的只是出自概念组合的分析，则像是只交存了其他的承诺文件做担保的银行所发行的纸币。每一个只是纯粹理性的空谈就是对从那一个既定的概念中所引出的东西的一种说明，因此并没有发现任何新的东西，因而是每一124 个人都可以做的事情，而用不着每天都以此写成大部头的书籍。

§29　认知的充足根据律

但就算狭义上的思考，也并不仅仅是在意识中出现抽象概念，而是在逻辑就判断的理论中所给出的各种各样的限定和变更之下，将两个或比这更多的抽象概念联系起来或者分别开来。 一种如此清晰想出来和表达出来的概念关系，也就称为一个判断。 就这些判断方面，充足根据律在这里再一次有其效力，但却表现出与上一章所展示的非常不同的形式，亦即表现为认知的根据律。 作为认知的根据律，充足根据律表明：假如一个判断是要表达某一认识，那它就必须具有某一充足的根据：而由于有了这一特质，这一判断就获得了真实的称号。 真实性（或说真理）因而就是一个判断和某些与其不同的、被称为其根据的东西的关系，而这根据本身，正如我们马上就会看到的，是可以多种多样的。但既然这是判断所赖以支撑和成立的东西，那对此德语名称（"Grund"）就选择得很贴切。 在拉丁语和所有从拉丁语派生出来的语言中，认知根据的名称与理性的名称本身是重合的，两者因而称为"ratio""la ragione""la razon""la raison"和"the reason"。 这证明了：人们看出认识到判断的根据是理性的最高贵的功能，是理性的事情。 那么，一个判断所基于的这些根据，可分为四类，而根据这每一类，那判断所包含的真实（真理）就会有所不同。 这些在接下来的四节中一一列举出来。

§30　逻辑的真实（真理）

一个判断可以以另一个判断为根据。 那样的话，其真实（真理）就是一个逻辑上的或者形式上的真实（真理）。至于这是否也具有物质上的真实（真理），那是悬而未决的，并且取决于这判断所赖以支撑的判断是否具有物质上的真实，抑或这判断所根据的连串判断，是否可溯源至一个有物质上的真实的判断。一个判断的这样一种以另一个判断作为奠定理据，永远是产生自这一个判断与那另一个判断的比较：这要么是直接发生的，通过那些判断的单纯换位或者换质位法，要么通过加进一个第三个判断——那样的话，从这最后两者之间的关系，那所要奠定的判断的真实就清楚表现出来了。这种运作就是完整的逻辑推导。这既可以通过概念的对立相反，也可以通过对概念的归纳来完成。既然逻辑推导就是一个判断借助于第三个判断以另一个判断为根据，既然逻辑推导始终只是与判断相关，这些判断也只是概念的连结，而概念恰恰就是理性的唯一的对象物，那么，逻辑推导就很合理地解释为或宣布为理性的工作。那整个的演绎推理不过就是将根据律应用在判断与判断之间的规则总体和缩影，也就是逻辑的真实的准绳。

那些判断——其真实是透过那四个思维法则清楚表现出来的话——也可被视为以一个另外的判断作为根据，因为这四个思维法则恰恰就是这样的判断：从这些判断可推论出另外的判断是否真实。例如，这一判断，"一个三角形是一个以三条直线封闭了的空间"，有着同一律作为其最终根据，亦即有着同一律所表达的思想。这一判断，"并没有任何不具延伸性的物体"，有着矛盾律作为其最终根据。这一判断，"每一个判断要么是真的，要么不是真的"，有着排中律作为其最终根据。最后，这一判断，"任何人，在不知道为什么的情况下，都无法认为某样东西就是真的"，有着认知的充足根据律作为其最终根据。 至于人们在惯常应用理性的时候，把从这四个思维法则中得出的判断视为真的，而不是首先对那些思维法则作为前提进行一番溯源，因为大多数的人甚至从来不曾听说过那些抽象的法则——这并不就是说：那些判断是独立于那些思维法则（那些思维法则是那些判断的前提）的，就好比有人说，"假如我们拿走了那一物体的支撑，那一物体就会倒下"，那这一判断，并不因为这一定理"所有的物体都是向着地球的中心追求"还不曾在这人的意识中出现过，所以就是独立于这一定理的。 所以，对于人们至今为止在逻辑学中，对一切并非以思维法则以外的任何东西为根据的判断，都赋予了一种内在的真实，亦即宣称这些判断是直接的真——这种内在的逻辑真实与外在的逻辑真实是有差别的，而后者则是依赖于另一个判断作为其根据——我是不赞同的。 每一个真理（每一种真实）都是一个判断与在其自身之外的另一个判断的关系，内在的真实是一个矛盾的说法。

§31 经验的真实(或真理)

一个属于第一类表象，亦即一个通过感官媒介而达成的直观，因而也就是经验，可以是一个判断的根据；这样的话，那判断就有了物质上的真实(真理)，而且，这一真实，只要那判断是直接以经验为根据的，就是经验的真实。

一个判断具有物质上的真实——这根本上就意味着：这判断的概念是如此互相的连结、分开和受到限定，一如为这些概念提供根据的直观表象所导致和所要求的。 认识到这些是判断力的直接任务，因为判断力，正如所说的，是直观的认识能力与抽象的或说推理的认识能力之间的中介者，因而也就是理解力与理性的中介者。

§32 先验的真实(或真理)

在理解力和纯粹感官之中的直观、经验认知的形式，能够作为所有经验的可能性条件成为一个判断的根据；那么，这样一个判断就是一个先验综合的判断。 既然一个这样的判断仍具有物质上的真实，那这物质上的真实就是一种先验的真实，因为这一判断并不单纯是基于经验的，而是也基于在我们自身的这经验的整个可能性的条件。 这是因为这一判断所受到的规定，恰恰也是经验本身所受到的规定：也就是说，这一判断要么受到先验为我们所直观到的空间和时间形式的规定，要么受到为我们先验意识到的因果性法则的规定。 诸如此类的判断，其例子就类似这样的定理：两条直线无法闭合任何空间；任何事情的发生都不是没有原因的；$3 \times 7 = 21$；物质既不可以生成也不可以消灭。 事实上，整个纯数学，与我在《作为意欲和表象的世界》第 2 卷所给出的表"时间、空间、物质的先验属性"，还有在康德的《自然科学的形而上学基础》中的大多数命题都可以被视为这种真实的证明。

§33　超逻辑的真实(或真理)

最后，在理性之中的一切思维的形式条件也能够成为一个判断的根据；这样的话，这一判断的真实(真理)就是超逻辑(metalogische)真实(真理)——假如我要如此命名它的话——而我相信这是对其最好的命名。 这名称与索尔兹伯里的约翰在 12 世纪所写的《实质逻辑》(Meta-logicon)并没有什么关系，因为这索尔兹伯里的约翰在序言中声明："因为我为逻辑辩护，所以，我的书就称为《实质逻辑》"，之后，他就没更多使用这词了。 但如此这般具超逻辑真实(真理)的判断，也就只有四种，人们早就通过归纳法发现了它们，并将其名为一切思维的法则。 虽然人们就其名称表达及数量，都仍然没能达成一致，但是，对这些总的来说所标示的东西，却是完全一致认可的。 它们也就是：(1)一个主体是与其全部的谓项和属性相等同的，或者，$a = a$。 (2)不可以同时认定一个主体拥有或否定其拥有某一个谓项或说属性，或者，$a = -a = \mathrm{o}$。 (3)两个相互矛盾的谓项或说属性，必有一个属于每个主体。 (4)真实(真理)就是一个 128
判断与某样在其之外、作为其充足根据的东西的关系。

至于这些判断就是对一切思维的前提条件的表达，因此有这些条件作为其基础，我们是透过一种反省思考认识到的，而这种反省思考，我愿意称其为理性的一种自我检查。 也就是说，在理性徒劳地试图以违反这些法则的方式去思维的时候，理性认识到了这些法则就是一切思维可能性的前提条件，我们就会发现违反这些法则去思考，就跟让肢体朝着关节相反的方向屈伸差不多。 假如那主体能认识到自身，那我们也就直接地和不仅仅只通过在客体上的实验，亦即只有通过表象才认识到那些法则。 具先验性真理的判断，其根据在这方面也是同样如此：它们也不是直接进入意识，而首先是具体地、借助于客体，亦即借助于表象进入意识。 例如，假如我们要想象某一在这之前并没有原因的变化，或者，想象物质的生成或者消灭，那我们会意识到这事情是不可能的，而且，会意识到那是客观上的不可能，虽然这种不可能其实是根植于我们的智力，否则的话，我们也无法通过主体的途径将这引入意识之中。 根本上，先验的真实（真理）与超逻辑的真实（真理），两者之间可看出某种巨大的相似性和关联；这些表明了两者是出自共同的根源。 我们在此尤其看到充足根据律作为超逻辑的真实（真理），而在前一章，充足根据律是以先验的真实（真实）呈现的，在接下来的一章，充足根据律还以另一种形式呈现为先验的真实（真理）。 正因此，我在此论文中尽力将充足根据律作为一个判断提出来，这判断有一种四重的根据，并非例如有四个不同的、偶然引往那同一个判断的根据，而是一个在四个方面

129 表现出来的根据，而我也就形象地称为"四重根"。 那另三个超逻辑的真实（真理）互相之间有着如此巨大的相似性，以致在考察它们的时候，人们就几乎必不可少地要去寻找一个表达它们的共同名称，就正如我在我的主要著作*第 2 卷第 9 章所做的。 在另一方面，它们与充足根据律

---

　　* 即《作为意欲和表象的世界》。

却是非常的不同。 假如人们想要在先验真理中找到与那三个其他的超逻辑真理类似的东西，那就会选上这一真理：实体，我指的是物质，是恒存的。

§34 理性

既然在这一章里所考察的一类表象唯独属于人类，既然一切如此有力地将人的生活与动物的生活区别开来、让人拥有相对于动物如此优势的东西，确凿无疑就是基于人的这一类表象的能力，那么，这一能力，很明显地和毫无争议地就构成了那所说的、向来被誉为人的特权的理性，也一如一切在所有的时期和被所有的民族直接视为理性（λόγος、λόγιμον、λόγιστικόν、ratio、la ragione、la razon、la raison、reason）的表现和成就，追根溯源，明显只有抽象的、推理的、反省思维的、与字词连在一起的和间接的认知才有可能做出，而不是单纯直观的、直接的、感官的、动物也有的认知所可能为。 西塞罗在《论义务》1，16 中相当正确地将"理智"（Ratio，或"理性"）与"语言"（oratio，或"语言能力"）放在一起，并形容它们为"一些经由教授、学习、交流、讨论和判断把人们联系在一起的东西"，等等。 同样，在《论神性》2，7 中："我把这称为理性，或者精神、反思、思想、谨慎。"再就是在《论法律》1，10 中："理性是唯一让我们优于动物的东西，由于这理性，我们能够推理、证明、反驳、展示、得出结论。"但无论任何地方和无论

任何时期，直至康德的时候，所有的哲学家都是在这一意义上谈论理
性，而康德自己也仍将理性定义为原则和推论的能力，虽然无可否认：
康德为后来产生的扭曲提供了机会。 有关所有的哲学家在这一问题上
的协调一致和有关理性的真正本质——与在这一世纪哲学教授们对此概
念的歪曲两相对照——我在《作为意欲和表象的世界》第 1 卷及在其
"附录"即"康德哲学批判"第 577—585 页（这一版本第 664—674 页），
还有在《作为意欲和表象的世界》第 2 卷第 6 章，最后在《伦理学的两
个基本问题》第 148—154 页（第 2 版第 146—151 页）已经详细谈论过
了，所以，我在此就不必重复在那些地方已说过的东西，而只需将以下
的思考连结起来。

　　哲学教授们发现这一做法是很不错的：也就是说，那种把人与动物
区别开来的、借助于反省和概念的思考和熟虑能力，那种需要语言之助
和让人有能力运用语言的能力，人的审慎考虑与之相关的和人的所有成
就与之密不可分的能力，那种因此被所有的民族、也被所有的哲学家始
终以这样的方式和在这样的意义上理解的能力，如果去掉它至今为止所
用的名字，不再被称为理性，而是违反一切语言用法与一切健康的触觉
和机智被称为理解力；同样，如果将出自此理性的一切称为明智的，而
不是称为理性的，但这就始终会是奇怪的和不恰当的，就像唱走了调一
样。 这是因为无论何时何地，人们都将上一章中所描述的、直接的和
更多是直觉的（intuitiv）能力称作理解力、"智力""敏锐""聪颖""聪
明"等等，并将出自这种能力的成果、与在此所谈论的理性的成就明确

130

不同的表现，称为明智、精明和狡猾等等。 因此，明智的与理性的始终是完全不同的，是两种差别极大的精神能力的表现。 不过，哲学教授们却不可以在这件事情上转向，因为他们的策略（或权谋）要求他们作出此牺牲，而在这情形里，那意思就是："让开，真理！ 我们有着更高的、人人都很理解的目标；让开吧，真理！ 为了天主的更大荣耀，正如你早已习惯这样做！ 你付了酬金和薪水吗？ 让开！ 去你的功绩吧，蹲在那角落里好了。"也就是说，他们需要理性的地位和名称，把这给予一种臆造和虚构出来的、更准确和诚实地说是一种完全捏造出来的能力，一种将他们从康德陷他们于其中的困境解救出来的，一种能有直接的、形而上的，亦即超越经验的一切可能性的、掌握自在之物的世界及其关系的认知的能力，这能力因此首先是一种"对上帝的意识"，亦即直接认知到主——上帝，也先验地构思了上帝如何创造这世界的方式方法，或者，假如这说起来太过一般的话，先验地构思到上帝是如何经由一个多多少少必不可少的生命程序，把这世界从上帝自身那里驱逐出来和在某种程度上生育出来，或者——这是最方便的说法，虽然听起来非常的滑稽——上帝依照尊贵主人的习惯礼仪，在正式接见完毕，对这世界，仅仅只是"允许离开"了，这世界然后就开始双脚站起来，可以随心所欲地迈步前进。 至于这最后所说的，当然，只有一个像黑格尔那样的瞎写一通胡说八道的东西的狂妄者，只有他那样头脑的人，才会够胆放肆说得出来。 正是诸如此类的胡闹货色，经详细发挥和扩充，自这五十年来，在理性认知的名义下，充塞着千百卷自称哲学的书籍，并

131

且被称为科学和科学的著作——人们可能只是表达了嘲讽的意思——甚至是反复采用这一用语，直至人们要恶心呕吐的程度。 人们把所有诸如此类的才智毫无顾忌地说成是理性，而理性就被宣称为一种"超感觉的能力"，或说"理念的能力"，一句话，一种存在于我们自身的、直接着眼于形而上学的、与神谕一样的能力。 但有关这能力对所有那些伟大东西和对超感觉感知的领悟方式，在这五十年来，在门徒、弟子中间却是众说纷纭、差异极大。 依照最大胆放肆的人的说法，理性对"绝对"，或者对无限之物及其向有限之物演变，"随心所欲地"有着一种直接的理性直观。 依照其他的谦虚、有节制的人，那与其说是看到，毋宁说是听到，因为那并不是直接直观到的，而只是听到在这样的幻境中所发生的事情，然后将这忠实地复述给所谓的理解力，这理解力就据此写出哲学纲要。 而根据雅各布的一句俏皮语，理性(Vernunft)据称是从这所谓的"听闻"(Vernehmen)那里取得名字，就似乎这并不是清楚明白的事情：即"理性"一词是出自以理性为前提条件的语言和出自"听到和明白"之词，这与单纯的"听到"是截然不同的，而这后者是动物也有的。 但那可怜的俏皮游戏却自半个世纪以来一直大有市场，被视为严肃的思想，并的确被认定为一个证据，被千百次地重复。 最后，依照那些最谦虚者的说法，理性既无法看见，也无法听到，所以，有关所有那所说的壮丽和伟大，既没接收到那景象，也没接收到那报告，所接收到的不过就是有关这些的某一单纯的预感(Ahndung)，但这个词，现在却被剔除了一个字母 d——这样一来，那个词就带上某种愚笨的气质。

再加上拥有如此智慧的狂热拥护者那绵羊般的外相，那种愚笨气质是必然得其门而入的。

　　我的读者知道我对"理念"（Idee）一词，就只承认其原初的、柏拉图所理解的含义，我尤其在我的主要著作第三篇中透彻厘清了这一点。但英国人和法国人却将一个非常一般、但却是相当确定和清楚的意思与"理念"（法语的 idée，或者英语的 idea）联系在一起。相比之下，德国人一旦听到人们跟他们说起"Idee"一词（尤其是在念成 Üdahen 的时候），就开始头脑眩晕，所有的深思谨慎都会离他们而去，他们就感觉要坐上气球升空了。因为那对我们的"理性直观"的爱好者来说是某样可以发挥一番的东西，所以，那所有人中最狂妄放肆的一位，那出了名的骗子黑格尔，就毫无困难地将其世界和一切事物的原则或说原理称为"理念"，而所有人当然都确实以为这说法是有某些东西的。但假如人们不想感受惊愕和混乱，而是要问到：那"理念"——其能力被定义为理性——又到底是什么呢？那人们一般会得到的解释，就是浮夸的、空 133洞的、混乱的字词垃圾，所用上的有着插入式的多元复合句是如此的冗长，以致那读者假如不是在阅读中途已经睡着了的话，那到最后就更多地处于发昏的状态，而不是由此感觉受教和解惑了，或者，更有甚者，他会怀疑这里面大约说了某种幻觉一样的东西。与此同时，假如人们想要特别地了解诸如此类的理念，那就会有大杂烩提供给他，也就是说，时而是学院派的正题，而这些则被康德本人不幸地以不合理和错漏百出的方式命名为理性的理念——正如我在我的《康德哲学批判》中所阐明了的——康德这样做就只是为了要证明这些正题是绝对无法证明的和理论上是没有根据的东西，也就是说，是有关上帝、有关一个不朽灵魂和一个真实、客观存在的世界及其秩序的想法；另外，作为其变体，也提及上帝、自由和不朽。 时而给读者说的则又是"绝对"，而这我们在上面§20已经了解到就是迫不得已隐藏身份活动的宇宙论证明。 但有时候，那又会是"无限"，与有限相对，因为对这些词的垃圾，德国读者一般来说都会感到满足，并不会注意到他最终其实并没有思维到什么清晰的东西——除了只是"有这一个终点的东西"和"没有任何终点的东西"。 再就是，尤其对于那些多愁善感和善良好心的人，"真、善、美"作为所谓的理念，是非常受欢迎的，虽然这些只是三个非常广泛和抽象的概念，因为它们是从无数的事物和关系中抽取出来的概念，因而其内容非常的贫乏，一如千百个其他类似的抽象概念和名词。 就它们的内容而言，我在上面§29已经证明"真"（"真实""真理"）就是一个只属于判断的特质，因而是逻辑的特质；在此所谈论的另外两个抽象概念，我建议大家一是阅读《作为意欲和表象的世界》第1卷§65，二是阅读那同样的著作的整个第三篇。 只不过，假如人们一旦提到那三个

134 贫瘠的抽象概念，就装出一副非常神秘的和自以为了不起的样子，眉毛就上拉到假发中去，那年轻人轻易就会想象在这些概念的背后隐藏着神奇的东西，亦即某些并不是要给别人听见的话语和某些无法言说的意思，也正因为这样，这些东西才配得上"理念"之名，并紧绑在所谓形而上理性的凯旋之车上。

所以，假如有人教导说：我们拥有一种直接的、物质的（亦即提供素材，而不仅仅提供形式）、超感觉的（亦即超越经验的一切可能性）认知的能力，一种明确旨在形而上认知和为了这样的目的而寄居于我们身上的能力，而我们的理性就在于此——那我就必须很不客气地将这称为赤裸裸的谎言。这是因为稍稍对自己诚实地检验一下，就都必然让每一个人确信：在我们的身上，绝对不存在如此这般的一种能力。与这所说相一致的，是在时间长河中，负有使命的、有才能的和诚实的思想家的探究所得出的这一结果：我们的全部认知能力中与生俱来的、因此是先验的和独立于经验的东西，完全局限于认知的形式部分，亦即局限于对智力自身功能和智力唯一可能的活动方式的意识；但这功能却无一例外地需要从外在获得素材，以提供物质上的认识。所以，我们身上有着外在的、客体的、直观的形式，那就是时间和空间，然后就是仅作为理解力形式的因果关系法则，而借助于这形式，理解力就建构起客体（客观）的物体世界，最后就是抽象认识的形式部分：这些形式部分就存放和表现在逻辑学那里；逻辑学因而就被我们的祖先完全正确地名为理性的学说。但恰恰是逻辑学教导说：概念——判断和推论就由概念所构成，一切逻辑法则都与概念相关——必须期望从直观认识那里得到其素材和内容，恰恰正如产生这直观认识的理解力，要从感官感觉那里取得素材，而这些素材就为理解力的先验形式提供了内容。

由此可见，我们认知中的所有物质性东西，亦即所有不能还原为主体形式、不能还原为智力自身所特有的活动方式和功能的，也就是我们

135

认知的全部素材，都来自外在，亦即最终来自从感官感觉出发的对物体世界的客观直观。 正是这直观的、就素材而言是经验的认知，在这之后由理性、那真正的理性加工整理成概念，理性将其用字词感性地固定下来，然后，以此就有了素材，借助于判断和推论作出无限的组合，而这就构成了我们的思想世界的结构组织。 理性因而完全不具有任何物质性的内容，而只有某一形式性的东西，而这形式性的东西就是逻辑学的素材，逻辑学因此就包含了思想运作的形式和规则。 理性在其思维时，必须绝对从外在、从理解力所创造的直观表象那里取得物质性的内容。 理性就在这些东西那里发挥其功能，在理性首先塑造出概念的时候，从事物的不同特性中，抛弃了某些特性和保留了其他的特性，将之连结成一个概念。 但这样的话，表象就失去了其直观性，但为此却在提纲挈领和简便应用方面有所收获，正如上面所显示的。 因此，理性的工作就在于此，也唯独就在于此；而理性却是永远无法以自身之力提供素材的。 理性除了形式以外，并没有任何其他东西：理性具女性的特质，它只有接受了才能产出。 这可不是偶然的：无论是在拉丁语系还是在日耳曼语系，理性都是阴性的，理解力则是阳性的。

假如有人说这样的话："健康的理性教导这一点"，或者，"理性应该控制情欲"，等等，那这些话根本就不是说理性是以自身之力提供了
136 物质性的认识，其实，人们只是以此指出了理性反思的结果，亦即指出了从那些定律中做出的逻辑推断，而那些定律是从经验中丰富了的抽象认识逐渐获得的；也得益于这些定律，我们无论是对经验上必然的事

情，亦即对假如情况出现时，可预见会发生的情形，还是对我们自己的行事的原因和结果，都能有清晰的和快捷的总览。　无论是在哪里，"理性的"或者"符合理性的"，与"前后一致的"或者"合乎逻辑的"是同样的意思，正如反之亦然，因为逻辑学事实上就只是用一套规则表达出来的理性本身的自然操作方式，所以，那些表达（理性的表达和逻辑性的表达）彼此之间就犹如实践与理论的关系。　正是在这一意义上，我们所理解的理性的行为方式就是一种相当连贯一致的、因而是从普遍概念出发和由抽象思想作为决心和打算所指导的行为方式，这行为方式并不会由现时的瞬间印象所决定；但由此，可无法对这样的一种行为方式的道德性作出判断，相反，这一行为方式既可以是卑劣的，也可以是善良的。　对此详尽论述见我的《康德哲学批判》第 576 页及后面（这版第664 页），以及《伦理学的两个基本问题》第 152 页。　最后，出自纯粹理性的认识，就是那些其根源在于我们的认知功能——不管那是思维的，还是直观的功能——的形式部分的东西，这些东西我们因而是先验地，亦即并不需要经验帮助的情况下能够引入意识中去的：这些认识始终是建基于具先验的或者超逻辑的真理的定律。

　　与上述相反，这样一种理性，即在原初上和全凭理性本身提供物质性的认知，因此是超越了一切经验的可能性、给予我们实在的教导，而为此目的，肯定包含了与生俱来的理念——这纯粹就是哲学教授的杜撰和由《纯粹理性批判》引起的恐惧的结果。　那些先生也许了解某一位洛克，他们可曾读过他的著作呢？　或许在很久以前读过一次吧，读的是粗略表面和著作的某些段落，与此同时却满是优越感地俯视这位伟大的人物，并且阅读的是拙劣的临时工译文。 这是因为我注意到，随着对古老语言的知识的减少，天可怜见，对现代语言的认识并没有在比例上相应地增加，当然，他们也没有时间可花费在洛克这样的爱发牢骚的老头身上；但甚至对康德哲学的真正和透彻认识也顶多只是寥寥几人才会有的。 这是因为当今处于壮年期的一代人，其青春不得不用于"精神巨人黑格尔""伟大的施莱尔马赫""敏锐的赫尔巴特"的作品。 可惜啊，可惜！ 这是因为这样的大学名人和那些出自身居要职、值得敬重的同事和很有前途的这方面的求职者的嘴巴对教坛英雄的抬捧颂扬，其有害之处，恰恰就是将平庸头脑的人、将那些大自然的大路货，推荐给善良的、信赖的、没有判断力的年轻人，将他们称颂为伟大思想家、出类拔萃者和人类的光彩。 这样的话，这些年轻人就将所有的青春力量投向这些家伙的那些没完没了的和没有思想的写作之中，对其进行索然无味的研究，浪费掉分配给他们的、不多的、为提高他们修养的宝贵时间，而不是将这些时间奉献给真正的教诲。 真正的教诲是稀有的、货真价实的思想家，这些人类中的出类拔萃者在其著作中呈献给我们的；这些人是"荒凉起伏的波浪中的个别游泳者"，在多个世纪的长河中，只是零零星星地浮出水面，因为大自然每一种只做出一个，然后就"把模子打碎了"。 那些伟大的人对这些年轻人来说就是真正生活过的——假如这些年轻人不是因受到欺骗而无法领略这个中的精髓的话，而欺骗他们的就是那些吹捧拙劣东西的道德极其败坏者、平庸头脑的伟大伙伴同盟的成员。这些人长盛不衰，旗帜高高地挥舞，是受着他们羞辱的伟大和货真价实东西的常见敌人。正是由于这些人及其努力，这时代受到了如此的破坏，以致被我们的父辈在长年认真研究和刻苦用功以后方才理解的康德哲学，对现在的一代人再度成了陌生的东西；面对康德 哲学，这一代人就像"听到古琴的驴子"，并且还尝试对康德哲学进行粗俗的、迟钝和笨拙的攻击，就像野蛮人向那些在他们看来异样的希腊神像扔去石头。既然情况就是如此，我现在就有责任向那些为直接认知、听闻、直观之理性，一句话，为以一己之力提供物质性认识的理性作辩护的人，推荐对他们来说是崭新的、在这150年以来世界闻名的洛克著作中的第一部作品，这是明白反对所有与生俱来的认识的，还有这部著作中第3章§21—§26。这是因为尽管洛克在否认一切与生俱来的真理方面做得太过了，这否认甚至扩展至形式的认识——在这一方面，洛克稍后得到了康德至为了不起的纠正——但是，洛克在一切物质性的、亦即提供了素材的认识的方面无可否认是完全正确的。

我在我的伦理学中已经说过这一点了，但却必须再度重复，因为正如一句西班牙谚语所说的，"没有比不愿意倾听的人更聋的了"，假如理性是一样为形而上学而设置的功能，提供素材方面的认识和因此给予超越经验的一切可能性的答案，那在形而上学的对象物方面，亦即在宗教的对象物方面——因为这些对象物是同样的——人类就必然普遍是高度一致的，就跟在数学的对象物方面人们是一致的一样，以致假如有人对诸如此类对象物的观点与别人不同，就会马上被视为头脑不太正常。

但现在所发生的却是与此完全相反的事情：因为没有任何主题会比这一主题更让人们的意见完全分歧。 自人们开始思考以来，所有的哲学体系都是在争吵和争论，互相之间有的部分是针锋相对的；自从人们信仰以后（而这就时间更长了），宗教与宗教之间就以火与剑、以开除教籍和大炮互相斗争。 但对于分散、零星的异端者，到了信仰相当有活力的时候，就不仅仅是诸如疯人院一类，而是宗教裁判庭的监狱及其附属设施。 由此可见，在此，经验也大声地和明确地反对这骗人的声称，即理性是获得直接的、形而上的认识的功能，或者，说得更清楚一点，是获得来自上面的灵感的功能。 现在的确是对此做出严格审判的时候了，因为说来真是吓人，如此站不住脚的、如此明显可知的谎言，自半个世纪以来在德国到处散播，年复一年地从教学讲台传到学生席，然后又从学生席传回到教学讲台，甚至在法国人中也有好些傻瓜听任自己受此童话的诓骗，现在就到处宣讲这事情。 但在法国，法国人的常识和理智很快就会将这超验理性扫地出门的。

　　但这谎言到底是在哪里谋划，这童话又是如何来到这世上的呢？我必须承认：很遗憾，是康德的实践理性及其绝对命令给了这最先的机会。 也就是说，一旦假定了这实践理性，那除了添加一个作为其对应物，或者作为其孪生姐妹的、同样是直属帝国中央的、因而是来自三角祭坛的、大声宣告形而上学真理的理论理性以外，就再不需要其他的了。 这桩事情所取得的辉煌成功，我在《伦理学的两个基本问题》第148页（第2版第146页及后面）中已描述过了，我建议大家阅读。 所

139

以，我是承认康德给了这杜撰的看法以机会，但我却必须补充这一点：想要跳舞的人，轻易就能找到为其吹奏者。 那的确就像是两足种属所背负着的一个诅咒：由于人与颠倒错误和拙劣的东西性情相近、志趣相投，所以，就算是在伟大思想家著作中，里面的那些最糟糕的东西，甚至是完全错误的，就是他们最喜欢的，以致他们赞扬和赞叹这些东西，而那些真正值得赞叹的东西，他们就只是勉强认可而已。 康德哲学中的那些真正伟大和深刻的东西，现在也只有极少数人才了解，因为不认140真研读的话，也就不会理解他的著作。 人们只是浏览他的著作，目的不过是查看一下历史性的东西，因为这些人误以为在康德之后，又有了一些东西，并的确才有了正确的东西。 因此，我们从这些人有关康德哲学的所有谈论中察觉到：他们就只知道康德哲学的外壳和皮毛而已，拿走的是这方面的粗糙轮廓，偶然听来的只言片语，但却从来不曾深入领会个中的深刻意义和精神。 这样的人一直以来喜欢康德哲学的，首先是二律背反，因为那是复杂棘手的东西，然后就是实践理性及其绝对命令，还有那建基于此的道德神学。 但对于道德神学，康德从来就不是认真的，因为某一种仅具有实际效用的理论性信条就像是木制的火枪，是我们可以教给小孩而不担心危险的，那也真的就属于"帮我清洗皮肤，但不要把皮肤弄湿"一类。 至于绝对命令本身，康德从来不曾声称那就是事实，而是反复提出抗议，只是把那当作是一种极为奇异的概念组合而端上桌面，因为他的道德学需要一个备用大锚。 哲学教授们却从来不曾探究这道德学的基础，以致看上去，在我之前，就不曾有人认识这道德学的基础。 哲学教授们匆匆忙忙地在"道德法则"这一纯粹派的名称下——这每一次都让我想起贝尔格的诗歌《拉列格小姐》——将绝对命令当作是一个铁的事实,并的确将这弄成如此宏大的东西,一如摩西的律法石板,并且对他们来说,这绝对命令必须完全彻底地取代这摩西的律法石板。 我虽然在《论道德的基础》这一论文中将实践理性及其命令置于解剖刀下,并如此清晰和毫无疑问地证明了这里面从来就没有什么生命和真理,我倒想看看有谁可以有理有据地驳倒我和以诚实的方式让绝对命令重新站起来。 但那却不会让哲学教授感到困惑。 他们不会放弃他们的"实践理性的道德法则",就正如他们不会放弃意欲是自由的说法:那是一样方便好用的、为他们的道德学奠定理据的"从舞台机关蹦出来的神",因为这是他们的老妇人哲学的两个至为关键的个别部分。 至于我已致这两者于死地,也无济于事,因为对他们来说,这两者仍然是活着的,就像人们有时候也出于政治原因而让一个死了的君王继续统治某些天数。 对于我毫不留情地拆毁那两个古老的虚构故事,那些有胆量的家伙就只能使用他们的古老策略:沉默、沉默,悄无声息、蹑手蹑脚地侧身而过,就好像什么事情都不曾发生——这样的话,公众就会相信:一个像我这样的人所说的话,是不值得人们倾听的;当然了,他们是受政府部门任命从事哲学的,而我从事哲学则是本性使然。 虽然到最后结果表明:这些英雄所做的,就像那些唯心主义的鸵鸟:它们以为只要遮住了眼睛,猎人们就不再存在了,但是,时间到了,事情就会清楚:就算读者公众暂时愿意满足于无益的

141

空谈、让人无法容忍的无聊咀嚼、有关"绝对"的任意虚构和那些先生的幼儿园级别的道德学，大概直到我死去和人们可以根据自己的喜好而处置我的著作为止，那么，人们以后就会看到：

> 真正的东西只有在明天
> 才获得其善意的朋友，
> 假如今天，拙劣者
> 仍然得到厚爱和地位。

——歌德，《东西诗集》

但这些先生知道今夕是何年吗？ 一个早就预言过的时代已经出现了：教会在摇摇欲坠了，情形是如此的严重，以致其是否会重新找回其重心仍是个疑问，因为信仰已经丢失了。 对于启示的光，就如同其他的光一样，某些黑暗是其条件。 那些因为有了某种程度和范围的知识而无法信仰的人，其数目已大至令人担忧的程度。 那普遍扩展开来的肤浅理性主义就证明了这一点，而这理性主义越来越展现其叭儿狗的面目。 它相当冷静地准备以其裁缝尺去测量多个世纪以来被思考和争论的基督教的深刻奥秘，并在这过程中自以为超级聪明。 尤其是基督教的核心教义，有关原罪的理论，在理性主义的平庸头脑那里成了小孩子的笑话，因为他们觉得恰恰没有什么东西比这更加清楚和确定的了，即每一个人的存在是伴随着其出生开始的，因此，这个人来到这世上是不可能背负着罪责的。 多厉害的洞察力啊! 就正如在贫穷、匮乏和疏忽猛增与蔓延时,狼群就开始在乡村出没,同样,在这些情形下,那始终在静候时机的唯物主义*就抬起头来,与其伴随者——兽性主义(这被某些人称为"人本主义")——联手一道走过来了。 伴随着无力信仰宗教产生了对知识的需求。 在文化的等级上有一个沸点,到了这一沸点,那所有的信仰、所有的启示和所有的权威都消散了,人们也都渴望着有自己的见解,想要得到教诲,但也希望会是心悦诚服。 儿童期绑在腋下帮助学走路的带子被解掉了,人们想要用自己的双脚站起来。 但在这过程中,他对形而上学的需求(《作为意欲和表象的世界》,第2卷第17章)却是无法根除的,就像某一身体的需求一样。 然后,人们就会真心渴望哲学,带着需求的人类就会召唤一切在过去或未来从人类的母腹中产生出来的思想家。 空洞的字词垃圾和精神阉人的无能努力不再是足够的了,相反,在此需要的是一种出自真诚的,亦即一种着眼于真理、而不是着眼于薪金和酬劳的哲学,这种哲学因此不会询问其是否得到了部长大臣或者参议会的欢心,或者是否合乎这一教会派别或那一教会派别的心意,而是清楚展现出哲学的使命,与为精神思想的贫乏者提供一门生计,完全是两回事。

143　　但我回到我的话题。 在康德错误地就将实践性神谕归于理性之外,借助于某一只需要点点胆量的引申,还加入了某一理论性的神谕。

---

* 也译"物质主义""实利主义"。

这项发明的荣誉要归于 F.H.雅各比，哲学教授们从这可敬的人那里满怀高兴和感谢之情地收下了这宝贵的礼物，他们因此得以摆脱了康德将他们所置于的困境。 被康德如此残酷无情批判的、冰冷的、清醒的、缜密考虑的理性，被贬低为理解力，从此以后就必须带着这一名称；但理性的名字则给予了一样完全是想象出来的、直白说就是捏造出来的能力。以这种能力，人们就好比拥有了一扇朝向世外的、超越了自然世界的小窗：透过此小窗，人们也就能够接收所有现成的、整理好了的真理，而为了这些真理，那至今为止的、老套模式的、诚实、周密和慎思的理性却已徒劳地费力论战了多个世纪。 自这五十年来，德国的所谓哲学就是基于这样的一种完全是捕风捉影的、完全是捏造出来的能力，先是作为"绝对自我"的自由构思和规划，以及其流出成为"非我"，然后是作为"绝对本体"或者冷漠的智力直观及其进化为大自然，或者，作为从其阴暗的根据或说无根据中上帝的生成——以雅各布·伯默的方式；最后，作为"绝对理念"的纯粹自为思考和那概念的自我运动的芭蕾舞台，但同时，始终仍作为对上帝的、对超感觉东西的、对神性，对真、善、美及尽管其他随心所欲的抽象东西的直接获悉；或者，作为对所有这些宏伟、壮丽东西的单纯的预感（Ahnen，少了一个字母 d）。 那这就是理性了？ 啊，不，那是恶作剧，那是被严肃的康德批判弄至窘境的哲学教授用作权宜之计的东西，为的是以某种方式，"管它是对还是错"，将国家宗教的题材冒充为哲学的成果。

也就是说，所有哲学教授的首要义务，就是在哲学上为上帝的学说 144

奠定理据，让这学说毫无疑问地确定下来。 这一个世界的创造者和统治者，作为一个以人的形象出现的、因此是个体性的、禀赋着理解力和意志的生灵，是他从无中创造出这世界，并以最高的智慧、力量和善意控制和管理着这一世界。 但这样的话，哲学教授们就陷进了严肃哲学方面的一个棘手的处境。 也就是说，康德到来了，《纯粹理性批判》已是在 60 年前写成，其结果就是：人们在基督教的数个世纪过程中所有为赞同上帝存在而提出的证明和可还原为三个唯一可能的证明，根本就无法做出所要求的事情，每一个如此证明的不可能性，以及所有思辨神学的不可能性，已被透彻地先验阐明了，而且，请注意，并不是以在今时今日已成了一种时髦的方式进行，以空壳的字词垃圾、黑格尔式的含糊其词——人们从这些尽可随其所愿地理解——不！ 那是相当严肃和认真的，依照古老良好的惯例，因而自 60 年来，尽管这对许多人来说并不讨好，但却无人能够对此提出某些有分量的反对意见。 更准确地说，由于这一缘故，上帝存在的证明已是完全失去了信誉，人们也不再采用了。 确实，自那以后，哲学教授们面对这些证明，装出一副极为高高在上的样子，甚至暴露出一种明确鄙视的态度，因为这桩事情是如此的不言自明，想要证明简直就是可笑的事情。 唉，人们早一点知道这些就好了！ 那人们就不会长达数个世纪为寻找这样的证明而费心竭力了，康德也就不需要以《纯粹理性批判》的全部力量去压碎这些证明。 至于上述的鄙视，不少人会想起面对酸葡萄的狐狸。 但谁要是还想看看这小小样品，那就可在《谢林哲学作品集》（第 1 卷，1809，第 152 页）

145

找到这方面的典型。 正当有人会以康德所说的安慰自己：即与此相反的说法也是无法证明的——就好像那爱开玩笑的老家伙不晓得"谁主张的，就要举证"似的——雅各比，作为困境的解救者，其值得赞叹的发明就来拯救那些哲学教授了，这一发明授予这一世纪的德国的学者们一个完全不寻常的理性、一个直至那时为止他们都闻所未闻、也不知道的理性。

但所有这些招数是根本不必要的。 这是因为无法证明上帝的存在本身一点都不是对上帝的存在有了争议，因为上帝的存在是坚固地建立在可靠得多和不可动摇的基础之上。 那的确就是启示的事情，而且是愈加的确实——假如这样的启示是唯独和专门给予了一个民族，而这一民族因此而被称为天选的民族。 这由此就可看得出来：对上帝的认识，这以人的形象出现的世界的统治者和创造者、这把一切都创造得很好的上帝，唯独只出现在犹太教和由此犹太教所产生出来的两种宗教学说中，而这两种宗教学说，我们可以在更广义上称为犹太教的支派；但这对上帝的认识，却并不见之于任何其他不管是在古代的还是现代的民族。 这是因为肯定没有人会想到印度教的众生之根"梵"——这在我、你、我的马匹、你的犬中活着和受苦——或者，那诞生、然后又死去、为其他的梵天让出位置，并且，其产生的世界被视为罪孽的梵天[1]，就是天主上帝，更

---

[1] 假如梵天不停地被用于创造世界——那低等级的生物又如何获得安宁？《普拉博达·昌德罗·达雅》——由 J.泰勒翻译,第 23 页)另外,梵天也是三相神的一部分,而三相神作为生殖、维护和死亡是自然的拟人化,梵天因而代表了前者。

不会将受骗了的萨杜尔努斯(古罗马农神)的好色的儿子、那受到普罗米修斯的反抗并被普罗米修斯预言了其垮台的朱庇特与天主上帝相混淆。

146　但假如我们察看在这地球上拥有最多信众的宗教，因而单独拥有人类那大多数的拥护、在这方面可以称为最主要和最重要的宗教，亦即佛教，那时至今日，我们不要再掩藏这一事实：这一宗教，正如其是严格观念主义的和清心寡欲的，也同样明确和直截了当是非一神论的，以致那些僧侣，每当有人向其陈述纯粹的一神论时，都对这样的东西断然拒绝。因此（就像在《亚洲研究》第 6 卷第 268 页及后面向我们所报道的），在阿瓦城的佛教大法师，在给一位天主教主教的一篇文章中，将这一学说，即"有一个存在物创造了这一世界和万物，他是唯独配受崇拜的"，列为六个受谴责的异端邪说之一。　也正因此，彼得斯堡的 J.J. 施密特——这位杰出的学者被我视为在欧洲对佛教了解最透彻的人——在彼得斯堡，在其文章"论诺斯替教派学说与佛教学说的渊源"第 9 页中说："在佛教徒的文章中，并没有任何实在的暗示，说某一位至高生物就是创造的源泉；每当这一话题顺理成章地自动出现时，就会被尽力回避。"还有，在他的"中亚古老文明史领域的研究"第 180 页中："佛教的体系并不认识什么永恒的、并非创造出来的、一体的、存在于所有时间之前和创造了一切看得见和看不见东西的、上帝一样的生物。　这一观念对佛教来说是陌生的，在佛教书籍中并没有看见这方面的任何痕迹。　也同样没有任何的创世。　虽然那可见的世界并不是没有肇始的，但它却是从虚空中依照前后一致的、不变的自然法则而形成的。　但假如人们认为某样东西——我们称为命运或者自然——是被佛教徒视为上帝(神灵)的本原，那我们可是犯错了。 事实却是相反：因为空洞空间中 的这演变，由此所得出的这沉淀物或者其分散在无数部分的分割体，这些形成的物质，是称为 'Jirtinschu' 的罪恶，或者，是那在其内在和外在方面的宇宙的罪恶；由此就产生了那依照不变的法则的永恒变换——在这些法则透过那一罪恶奠定了以后。"同样，施密特在 1830 年 9 月 15 日，在彼得斯堡科学院的讲座报告第 26 页这样说，"创世这样的用语，对佛教来说是陌生的，因为佛教只晓得世界的形成"，然后在第 27 页说："人们必须认识到：在佛教的体系里面，是找不到任何某一原初的神的创世的观念。"我还可以举出百多个诸如此类的证明。 但我想请大家还要注意这一证明，因为它知名度相当高，并且还是官方正式的。 也就是说，在非常有教诲意义的、由 E.阿珀姆从僧伽罗族语翻译过来的佛教著作，《锡兰圣书和史书合集》第 3 卷，伦敦，1833 版，包含了从荷兰记录翻译过来的、1766 年在锡兰的荷兰总督与五大最尊贵宝塔的大方丈之间单独和相继进行的官方对话。 无法很好明白彼此的对话者，其之间的那些反差，可是让人忍俊不禁的。 那些神职人员，本着其宗教，充满着对众生的爱与同情，哪怕那就是荷兰的总督，自愿尽着最大的努力去解答他们所有的疑问。 但这些虔诚的，甚至是恩克拉迪特主义神职人员的天真无邪和没有恶意的非一神论，却与那早已偏向于犹太教的总督的内心确信产生了矛盾。 后者的信仰对他们来说已成了第二天性，他们无法理解这些宗教人士并不是一神论者，所以就总是反复问及那至高的神灵和到底是谁创造了这世界及诸如此类的东西。 那些被问到的人就认为并没有比常胜的圆满者、比释迦牟尼佛更高的神灵了：他生而为王子，却自愿过着乞丐的生活，直到生命终点都在教导他的至高学说，目的就是解救人类，就是将我们所有人从持续的再生轮回的痛苦中解救出来。 但那世界却不是谁创造出来的[1]，那是自己创造的，大自然将其扩展开来，然后重又收回来；只不过，那是既存在又不存在的东西，那是再生轮回的必要的伴随东西，而这再生轮回却是我们的罪恶生活方式的结果，等等。 我说起这些事实，主要是因为时至今日，在德国学者的著作中，普遍地将宗教与一神教不加思索地视为同一和同义词的做法，是真正可耻的；而宗教与一神论的关系，就如同属与种的关系，事实上，也只是犹太教与一神教是同一的。 正因此，所有不是犹太教徒、基督教徒或者默罕默德信徒的民族，都被我们用"异端"这共同的用语标记。 默罕默德信徒和犹太教徒甚至因为那三位一体的学说而指责基督徒不是纯粹的一神论者。 这是因为基督教，无论人们怎么说，其体内流淌着印度人的血液，因此永远有着要摆脱犹太教的倾向。 假设康德的《纯粹理性批判》——这是至今为止够胆发起过的对一神论的最严肃的攻击，所以，哲学教授忙不迭地要将之撇到一边去——是在佛教的国家或地区出现，那我们根据上述引证在这里面看到的不过就是一

---

[1] 这一世界，赫拉克利特说，既不是神灵创造的，也不是某一个人创造的（普卢塔克，《论〈蒂迈欧〉中灵魂的生成》，第5章）。

篇有教育意义的论文，以彻底驳斥其异端和有益地巩固观念主义的正统学说，这学说也就是教导说：这呈现给我们的感官的世界，具有的只是表面的、虚假的存在。 在中国，除了佛教以外，另外两种宗教，道教和孔教，也同样是非一神论的，因此，那些传教士无法将《摩西五经》的第一首诗翻译成中文，因为中文这语言并没有"上帝"和"创世"的用语。 更有甚者，传教士居茨拉夫，在他刚出版的《中华帝国的历史》第18页诚实地说了："非常特别的是，没有任何一位（中国的）哲学家——其虽然有充分的自然之光——能够飞升至认识到一个宇宙的创世者和主宰。"与此说法完全吻合的是 J.F.戴维斯（《中国人》，第 15 章，第 156页）所引用的话，即英译本 *Shing-yu* 的翻译者米尔纳，在有关这著作的先期报告中说过，人们可以从这著作中看出："仅仅是那称为自然之光，就算辅之以所有的异教徒哲学之光，也完全没有能力引导人们认识和崇拜真神。"所有这些都证实了启示是一神教的唯一基础，而这必然就是如此——假如启示并不是一种多余的东西的话。 借此机会，我要插上一句：非一神教（Atheismus）这词本身就包含了一种欺骗手段，因为这词预先就认定一神论是不言自明的。 我们应该用的词是：非犹太教，并且，用"非犹太教徒"取代"非一神论者"。 这样才是诚实的谈论方式。

那么，正如以上所述，既然上帝的存在是启示的事情，并因启示而不可动摇地确定下来，那这就不需要任何人类的证实和确认。 但哲学其实只是以盈余和闲暇的方式尝试放任理性——理性是人的思维、斟酌、反省的功能——去单独地运用其一己之力，情形就像放任一个小孩子在一块绿荫地上取下牵带，尝试自己的能力，以便看看结果会是如何。 我们称这样的检验和尝试为思辨；而这种事情的本质，就是对一切权威，不管是神的权威还是人的权威，都一概不予考虑、不予理会，尽管走自己的路子，目的就是以自己的方式寻找至高的和至重要的真理。 那么，在这一根基和土壤上，假如其寻找的结果不是别的，而恰恰就是我们伟大的康德上述的结果，那这思辨并不因此就不得不马上放弃所有的诚实和认真负责，就像一个无赖那样遁往隐蔽的小径，就只想着要用某种方式返回到犹太教的根基和土壤，作为其"不可或缺的条件"。 相反，这思辨现在应该完全正直和朴素地通过其他敞开的路径来探究真理，但却永远不会跟随除了理性之光以外的任何其他之光，而是走自己的路而不管其要到达哪里，宁静和坦然，就像一个服务自己的天职的人。

假如我们的哲学教授们以另一种方式理解这事情，误以为只要他们不是将主——上帝（就好像上帝需要他们的帮助似的）置于王座之上，那他们就无法体面地吃其面包，那由此就可以解释为何他们无法欣赏我的东西，为何我根本上就不是他们的人，因为当然了，我不会提供类似的东西，也不会像他们那样，在每一个商品交易会上，都有着关于亲爱的上帝的最新报道可提供给大家。

第六章　论对于主体的第三类客体与在其占主导地位的充足根据律形式

§35　对这一类客体的说明

构成对表象功能而言的这第三类对象物的，是完整表象的形式部分，亦即那外在感官和内在感官形式中，先验给予的直观，亦即对空间和时间的直观。

作为纯粹的直观，它们是单独的，是与完整表象分开的，也只有透过"是充满的"或者"是空的"这些添加的规定才成了表象功能的对象物，因为就算是纯粹的点和线也根本无法展现的，而只能先验地被直观，正如空间和时间的无限延伸性和无限可分性是纯粹直观的唯一对象，是与经验直观无关的。将这一类表象——在这类表象中，时间和空间被纯粹地观照——与第一类表象（时间和空间在这类表象中，甚至是结合在一起被感知的）区别开来的是物质，因此，我一方面将物质解释为时间和空间的可感知性，另一方面则解释为已成了客观、真实的因果性。

相比之下，因果性的理解形式并非单独和分开地就是表象功能的对象，而是只伴随着认识的物质性部分进入意识。

§36 存在的充足根据律

空间和时间有这样的特性：所有部分都处于相互之间的一种关系——在这方面，这其中的每一部分都由另一部分所规定和以另一部分为条件。 在空间上，这种关系称为位置；在时间上，这种关系则称为次序。 这些关系是独特的，完全有别于我们的表象的所有其他可能的关系，因此，无论是理解力还是理性，都无法借助于概念把握这些关系，而唯有借助于先验的纯粹直观才让我们理解，因为那上、下、左、右、前、后与那在时间上的之前和之后到底是什么，并不是单从概念就可弄清楚的。 康德以此非常正确地证明了这一点：右手套与左手套的区别根本上不是别的，而是借助于直观才可明白的。 那么，空间和时间的部分，在这关系方面所根据的法则，我称为存在的充足根据律。 这些关系的一个例子，我早在§15就以一个三角形的边与角的结合给出了，并在那例子中展示了：这种关系与无论是原因和结果的关系，还是与认知根据和结论的关系，都是大不相同的，正因为这样，在此，那条件就被称为存在的根据。 不言自明的是，对这样一种存在根据的认识可以是认知的根据，就正如对因果性法则及其在某一特定场合的应用的认识就是作用效果的认知根据一样，但以此却并不就可以取消掉存在的根据与变易的根据和认知的根据的差别。 在许多情形里，依照我们的根据律的一种形式是结果的东西，依照另一种根据律的形式则是根据，因

152

158

此，认知根据的结果就非常经常地成了原因。例如，在温度计里水银的上升，依照因果性法则，就是温度增加的结果，但依照认知的根据律，那就是根据，是温度增加了的认知根据，正如这也是表达了这意思的判断的认知根据。

§37 空间中的存在根据

在空间中，空间的每一部分的位置，例如某一条线（这同样适用于平面、物体、点），其相对于其他任意一条线的位置，也完全决定了其完全不同于前者的、相对于每一可能的其他线的位置，以致每一可能的其他线的位置与这某一条线的位置就是结果与根据的关系。既然一条线的位置相对于其他可能的线的任何某一位置也同样决定了这一条线与所有其他线的位置，也就是说，那最初决定了这一条线与其他可能的线的位置也同样由所有其他的线的位置所决定，那我们要首先视何者为决定的和决定了其他的，亦即视何者为根据，而其他的则是被根据奠定了的，就都是一样和无所谓的了。之所以是这样的情形，是因为在空间，并不存在任何的连续性，因为恰恰是通过空间和时间的结合，才产生了有关经验总体的完全表象，才产生了同时存在的表象。因此，在空间的存在根据那里，一种类似于所谓相互作用的东西占据着主导地位，有关这方面的更详细的论述，见我对根据的相互作用的考察，§48。因为每一条线，在其位置方面既被所有其他线的位置所规定，也规定了所有

153

其他线的位置，所以，假如我们就只是视某一条线为规定了其他的线，而不是也视为被其他的线所规定了，那就只是主观任意而已，而每一条线相对于其他线的位置也允许就其与任何第三条线的位置提出疑问，因为由于这第二个位置，前者就必然是它现在这样子。因此，在将存在的根据连在一起时，就如同将变易的根据连在一起一样，都是不可能找到这之前的任何始点，而因为空间和在空间中的可能的无限线条，也同样不可能找到这之后的任何终点。所有可能的相对空间都是图形，因为它们是有边界限定的；所有这些图形，由于它们的共有边界，所以，都在彼此那里有其存在根据。在空间中的存在根据的系列因而就像变易根据的系列一样，是没完没了的，而且不只是像变易根据的系列那样朝着一个方向，而是朝着所有的方向。

对所有这些的证明是不可能的，因为这些命题，其真理是先验的，因为其根据是直接在那先验给予的对空间的直观之中。

§38 时间中的存在根据算术

在时间中，每一个瞬间都是以之前的瞬间为条件。在此，那存在的根据，作为次序的法则，是如此的简朴，因为时间就只有一个维度，因此在时间中不可能有各式各样的关系。每一个瞬间都以之前的瞬间为条件，我们也只有通过那前一个瞬间才到达这一瞬间；只有在那前一个瞬间流逝了、成了过去，这一个瞬间现在才存在。一切的计数，都是基于时间的各部分的这一关联，计数的文字只不过是用以标示那接续性的单个步伐。 所以，整个算术学，教给我们的不是别的，就只是计数的按一定方法的缩写。 每一个数字都假定了之前的数字作为其存在的根据：我们只能通过十之前的所有数字才到达第十，也单纯是借助于对存在根据的这一认识，我才知道有了十的话，也就有了八、六、四。

§39 几何学

几何学的整个学科也同样以空间的各部分的位置关系为基础。 因此，那就会是对那些位置关系的一种认识，但是，这些位置关系，正如上面所说的，不可能只是通过概念就能弄清楚的，而只能通过直观，所以，每一个几何学定理都必须还原为直观而证明只不过就是清楚突出那些关系，因为对这些关系的直观是很重要的；除此之外，人们无法做出更多的事情。 然而，我们发现人们对几何学的处理却是完全另一种样子。 只有欧几里得的十二条公理是让人们得以单纯的直观为基础，并且，其中只是第九条、第十一条和第十二条是基于单个不同的直观，所有其他的公理却是建基于这样的观点：我们在科学中并不像在经验中那样是与真实的事物打交道，这些真实的事物是单独并排存在的，可以有着无穷尽的差异；相反，我们是在与概念打交道，在数学中是与标准直观，亦即与图形和数字打交道，而这些则是为了一切经验立法，因此是将概念的包含众多性与单个表象的无例外的确定性连结了起来。 这是因为尽管它们作为直观表象是无一例外被精确规定了的，以这方式，因为其不确定性而并没有为普遍性留下任何空间，但它们却仍然是普遍的，因为它们只是一切现象的形式，而作为这样的形式，适用于这样的形式所属于的一切真实的客体。 因此，柏拉图有关他的理念所说的，亦即并不存在两种同样的东西，因为这同样的东西就只是一样东西而已[1]，不仅适用于概念，也适用于这些标准直观，就算是在几何学里也是如此。 我认为这也适用于几何学中的标准直观——要不是它们作为唯一在空间中的客体只是通过并排的存在、通过地点而有所区别。柏拉图本人，根据亚里士多德，早就说过这样的话："他还进一步宣称：与感官事物和与理念相比较，数学的图形则取了中间点——只要其与感官事物有别（因为数学图形是永恒和不变的）、与理念有别（因为数学图形是许多的和同样的，而理念中的每一个则只是作为一个统一体而存在）。"（《形而上学》第1，6，与第10，1相比较）仅仅只是这个见解，即一个地点上的差别并不就取消了其余的同一性，在我看来就能够取代那九个公理，并且要比提出建基于一个观点的九个不同的公理更适合于科学的本质，因为科学的目的就是从普遍的东西中认出个别的东西。那么，也就是说，亚里士多德（《形而上学》第10，3）所说的，"在这些

---

[1] 柏拉图的理念或许可以被形容为标准直观，而这些标准直观并不仅是像数学的直观那样，适用于完整表象的形式性部分，而且还适用于物质性的部分；因此，柏拉图的理念是完整的表象，这些表象本身都无一例外是被规定了的，但却与此同时就像概念那样涉及许多东西，亦即根据我在§28所给出的说明，是概念的完全胜任的代表。

公理那里，相等性就跟统一性几乎是一样的"适用于几何学的图形。

但并排存在的差别甚至并不适用于时间中的标准直观、不适用于数字，而是就正如适用于概念那样，绝对适用于"无法区别的事物的同一性"，并且也只有一个 5 和一个 7。 在这里，可以找到原因为什么 $7+5 = 12$，并不就像赫尔德在《纯粹理性批判之元批判》中所以为的就是一个同一性命题，而是正如深刻的康德所发现的，一个先验的综合命题，是建基于纯粹直观的。 $12=12$ 则是一个同一性的命题。

也就是说，在几何学中，人们其实只是在公理方面诉诸直观。 所有其他的定理都是演示、论证的，亦即我们就定理给出一个认知根据，而这认知根据就迫使每一个人都将这定理认定为真的。 由此可见，人们证明了定理的逻辑性真理，而不是证明了其超验性真理（参看§30 和§32）。 但这超验性真理，这存在于存在根据而并非存在于认知根据的¹⁵⁶东西，却永远就只是借助于直观才能使人领会和明白。 这就是为什么人们虽然在经过这样一种几何学的论证以后，会确信那所论证的定理是真的，但却根本就不曾看清为什么这所断言的就是其断言的样子，亦即我们并没有那存在根据；相反，通常来说到了现在，我们反倒就有了对那存在根据的要求。 这是因为通过指出认知根据的证明，只是演示了何以如此，但却没有给予人们深入的见解。 因此，将之称为"演示"，而不是"证明"，或许会更准确。 这就是为什么这一般都会留下一种令人不快的感觉，而这是每当人们注意到欠缺见解时都会感受到的，而在此，那就是在人们确切给出了情形就是如此如此的时候，才会感觉到欠缺了认识为什么是如此。 个中的感觉就类似于看到人们口袋进口袋出地玩弄戏法、但又不明白个中的门道时所感受到的。 正如在这样论证中所发生的那样，在不给出某一个存在根据的情况下给出认知根据，就类似于不少物理学的学说：这些物理学的学说就只是陈述那些奇特的情形，而又无法说出其原因，例如莱顿弗罗斯特的试验，而这实验在铂金坩埚中也是成功的。 相比之下，那通过直观所认知到的一个几何命题的存在根据却给我们以满足，正如每一获得了的认识那样。 人们一旦有了这存在的根据，那对这命题真理性的确信就唯独建立在这存在的根据之上，而根本不会再建基于透过论证而给出的认知根据。 例如，欧几里得的第一部著作的第 6 定理："假如在一个三角形中两个角是相等的，那与此相对应的边也是相等的"，欧几里得是这样证明的(图3)：三角形是 *abg*，其中 *abg* 角与 *agb* 角是相等的，那我就断言：那 *ag* 边与 *ab* 边也就是相等的。

这是因为假如 *ac* 边与 *ab* 边是不等的，那其中之一边就会更大，*ab* 就会是更大。 我们从更大的 *ab* 剪下与更小的 *ag* 相等的 *db*，并画出 157 *dg*。 因为现在(在三角形 *dbg*、*abg*)，*db* 与 *ag* 是相等的，*bg* 是这两个三角形所共有的，所以，*db* 和 *bg* 两边是与 *ag* 和 *gb* 两边相等的，每一

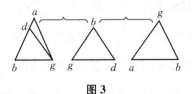

图 3

个单独看的话，abd 角与 agb 角是相等的，底线 dg 与底线 ab 是相等的，三角形 abg 与三角形 dgb 是相等的，更大的三角形与更小的三角形是相等的，而这却是乱了套的。因此，ab 与 ag 并不是不相等的，所以，ab 与 ag 是相等的。

在这一证明中，对定理的真理，我们就只有一个认知根据。但谁又会将对那几何真理的确信建立在这样的证明上？我们难道不是宁愿以通过直观而认识到的存在根据为基础？由于这存在根据（透过一种无法作更进一步的证明、而只是让我们得以直观的必然性），假如从一条线的两个终端引出的另外两条同样互相倾斜的线，那它们只会在与那两个终端同样远距离的一点上相交，因为那所形成的两个角其实就是一个角：那只是通过对立的位置显现为两个角，所以，并不存在线路要比其中的一个点更接近另一个点的理由。

通过对存在根据的认识，我们从带条件之物的条件中看出对这带条件之物的必然推论，在此，那就是从相等的角所推论出的相等的边及其结合；但通过认知根据，我们却只是看到这两者的同时存在，事实上，我们甚至可以断言：人们其实只是通过常规的方法向我们证明了：这两者在现在的这作为例子提出来的图形里是并存的，但却一点都没有证明是永远并存的。就此真理（因为那必要的结合并没有展现出来），我们在这里只是获得了一种基于归纳的确信，这是建立在人们所画出的每一个图形都是如此这般的基础上。当然，只是在如此简单的定理，就像欧几里得第 6 定理那样，这认知根据才是显而易见的；但我却确信：每一个定理，哪怕是最复杂的，也肯定是可以展示这同一个认知根据的，那定理的确切性必然可以还原一个如此简单的直观。 而且，每一个人都先验地意识到对于每一个空间关系的这样一个存在根据的必然性，一如先验意识到对于每一个变化的原因的必然性。 当然，对于复杂的定理，要给出存在根据，必然是非常困难的，在此也不是进行困难的几何学探究的地方。 所以，仅仅只是为了把我的意思说得更加清楚，我想要将一个只是稍稍复杂的命题——其存在根据起码不是马上让人一眼就看出来——还原其存在根据。 我就略过十个定理（lehrsatz）而选取第十六个定理。"在任意三角形中，如果延长其中一边，那外角就大于两内对角。"欧几里得的证明如下（图4）：

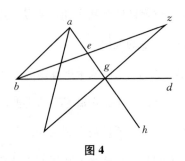

图 4

那三角形就是 abg：把 bg 一边延长至 d，那我就要断言：外角 agd 就要大于那两个内对角的每一个。 假如把 ag 的边在 e 处半分，将 be 拉直，将其延长至 z，将 ez 与 eb 相等同，将 zg 连结起来和延长 ag 至 h。 现在，既然 ae 相等于 eg 和 be 相等于 ez，那么，两个边 ae 和 eb 就分别与两个边 ge 和 ez 相等；aeb 角等于 zeg 角，因为它们是对顶角。 所以，底边 *ab* 就等于底边 *zg*，三角形 *abe* 就等于三角形 *zeg*，前一个三角形其余的角等于后一个三角形其余的角，所以，*bae* 角也等于 *egz* 角。但 *egd* 大于 *egz*，所以，*agd* 角大于 *bae* 角。假如也把 *bg* 半分，那就以相似的方式证明了：*bgh* 角，亦即它的对顶角 *agd*，也是大于 *abg* 的。

我则会以以下方式证明那同样的命题（图 5）：

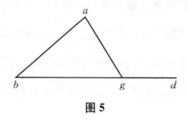

图 5

为了让 *bag* 角只是与 *agd* 角相等，超过就更谈不上了——那在 *ga* 线上的 *ba* 线就必须（因为这恰恰就称为角的相等）是与 *bd* 线处于同样的方向，亦即与 *bd* 线是平行的，亦即永远不会与 *bd* 线交汇；但为了要构成一个三角形，它们却必须（存在根据）在 *bd* 上交汇，因而要做出与所要求的相反的事情，以便 *bag* 角能达到 *agd* 角的大小。

为了让 *abg* 角只是与 *agd* 角相等，超过就更谈不上了——那在 *bd* 线上的 *ba* 线就必须（因为这恰恰就称为角的相等）与 *ag* 线处于同样的方向，亦即与 *ag* 线是平行的，亦即永远不会与 *ag* 线交汇；但为了要构成一个三角形，它们却必须在 *ag* 上交汇，因而要做出与所要求的相反的事情，以便 *bag* 角能达到 *agd* 角的大小。

透过所有这些，我根本不是建议一种新的数学证明的方法，也不是

159

想要以我的证明取代欧几里得的证明，因为我的证明，就其本质而言，并不适合做欧几里得式的证明，因为我的证明已经以平行线的概念为前提条件，而这些概念在欧几里得那里只是后来才有的。 相反，我只是想要展示存在根据是什么，存在根据是如何有别于认知根据，因为认知根据只造成确信，而这确信是与领悟和理解存在根据完全有别的东西。但至于人们在几何学中就只是力求造成确信，而确信，正如所说的，造成的是某一令人不快的印象，而不是予人对存在根据的领悟和理解，而这对存在根据的领悟和理解，一如所有的领悟和理解，是让人满足和让人快乐的。 这或许就是原因之一，为什么不少在除此方面之外具杰出头脑的人会厌恶数学。

我不得不再一次将已经在别的地方给出的图 6 放到这里，因为就只看到这图形，那用不着多说就比欧几里得的捕鼠器式证明多二十倍地给予人们有关毕达哥拉斯定理的真理的确信。 对这一章感兴趣的读者们会在《作为意欲和表象的世界》第 1 卷 §15 和第 2 卷 §13 找到对此话题更详细的论述。

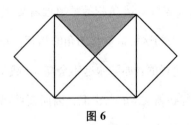

图 6

第七章 论对于主体的第四类客体和在其
占主导地位的充足根据律形式

§40 一般性的解释

我们还要考察的、属于我们表象功能的最后一类对象，是一类十分独特、但却是非常重要的对象：这对每一个人来说就只包含一样客体，那也就是内在感官的直接客体、意欲活动的主体，而这对认知的主体而言就是客体，而且就只是提供给内在的感官，因此，这一类表象唯独只显现在时间，而不会显现在空间，并且就算是显现在时间，那也是带着某一重要的局限性，就正如我们将要看到的。

§41 认知的主体和客体

每一认知都不可避免地以主体和客体为先决条件。因此，就算是对自我的意识也绝对是不简单的，而是就像对其他事物（亦即直观功能）的意识那样，分为被认知的部分和认知的部分。在此，那被认知的部分完全表现为意欲。

所以，主体认识到自身只是一个意欲者，而不是一个认知者。这是因为那产生出表象的"我"、那认知的主体——既然这认知的主体是作为一切表象的必不可少的对应物，是一切表象的条件——其本身是永远不会成为表象或者客体的，相反，神圣《奥义书》的美丽名言适用于这里："它是我们无法看见的，但它可是看见一切的；它是我们无法认识的，但它可是认识一切的。 在这全见、全知、全听和全认识的东西之外，别无任何其他。"（《奥义书》，拉丁文本，第1卷，第202页）

因此，并不存在对认知的认知，因为为此目的，就需要主体与认知分开的同时仍然能认知到那认知，而这是不可能的。

161 对于这样的反驳，"我不仅认知，而且还知道我认知"，我的回答是：你知道你认知与你认知，两者就只是在用语上有所差别。"我知道我认知"，说的不过就是"我认知"，而这"我认知"，没有更多限定的话，说的也不过就是"我"。 假如你的认知和你知道的这认知是两回事，那你就试试将它们单独分开：现在，就去认知，而并不知道在认知；然后，试着只是知道在认知，而这知道却与此同时又不是认知。 当然，我们可以对所有独特的认知进行抽象，并以此达到"我认知"的命题，而这是对我们而言最终可能的抽象，但却就等于"对我而言就是客体"，而这句话就等于"我就是主体"，而这最后一句话所包含的，除了"我"以外，没有更多的东西了。

但现在有人会问，假如那主体不是已经被知道的话，那我们又从哪里知道其不同的认识力、感官敏感性、理解力、理性。 我们知道这些，并不是因为那认知对于我们成了客体，否则的话，对于那同一样东西，就不会有那么多各自矛盾的判断了；相反，它们是推断出来的，或更准确地说，它们是普遍的用语，以标示所列出的表象类别，而这些表象类别是人们随时恰恰就在那些认知功能中或多或少地明确区别开来的。但这些认识功能，考虑到表象的前提条件、表象必不可少的对应物，考虑到主体，则是从那些表象中抽象出来的，所以，其与表象的类别的关系，恰恰就如总起来说的主体与总起来说的客体的关系。正如说起主体，也就马上假定了客体（否则的话，那字词也就是没有意义的），说起客体，也是同样假定了主体；因此，成了主体，与有了一样客体，说的是一样的意思，而成了客体，与被主体所认识则是一样的意思——那恰恰同样地，说起一个以某一方式确定了的客体，也就马上假定了以一个这样的方式认知的主体。就这点而言，我说客体有着如此这般伴随着 162 的和特有的规定，抑或我说主体以如此这般的方式去认知，两者是一样的意思；我说客体分为如此这般的类别，抑或我说如此这般不同的认知力是为主体所特有的，两者是一样的。就这一观点的点点痕迹也可见之于那个深刻与肤浅的奇妙杂烩那里，我指的是在亚里士多德那里，就正如在亚里士多德那里，已经有了批判性哲学的萌芽。在《论灵魂》3，8中，亚里士多德说，"灵魂在某种意义上就是存在的所有一切"；再就是，"理解力是形式中的形式，感觉性就是感觉中客体的形式"。所以，我们说感官感觉性和理解力不再存在了，抑或说这世界终结了，两者是一样的意思。我们说并没有任何概念了，抑或说理性没了，就只剩下动物了，两者是一样的意思。

没有认识到这个中的关系，是造成实在论与观念论争论的起因，这最终就表现为古老教条主义者与康德哲学的信徒的争论，或者，一方面表现为本体论与形而上学的争论，另一方面则表现为先验感性论与先验逻辑学的争论，而这些就是基于在考察由我所提出的第一类和第三类表象时并没有认识到上述个中的关系，正如在中世纪的实在论者与唯名论者的争论是基于并没有认识到与我们的第二类表象相关的关系。

§42 意欲活动的主体

认知的主体，根据以上所说，可以是永远不被认识到的，永远不会成为客体、表象。但因为我们不仅有一种外在的（在感官直观中）自我认识，而且还有一种内在的自我认识，但每一种认识，根据其本质，却都是假定了某一被认知的部分和某一认知部分的前提，所以，在我们那里被认知的，作为被认知之物，就不是认知着的部分，而只是意欲着的部分，是意欲活动的主体、意欲。从认知出发，我们可以说，"我认知"是一个分析的命题，而"我意欲"则是一个综合的，而且是后验的命题，亦即通过经验，在此就是通过内在经验（亦即唯独在时间上）而提供的。因此，就这点而言，意欲活动的主体对我们就是一个客体。假如我们审视我们的内在，那我们会发现我们始终就是在意欲着。但这意欲活动却有着许多等级，从最轻微的愿望一直到狂热激情；以至于不

163

仅所有的感情激动，而且我们内在的所有活动——人们将这些纳入广阔的"感觉"概念之下——都是意欲的状态，我已多次进行过分析，例如在《伦理学的两个基本问题》第 11 页，以及其他地方。

但意欲活动的主体与认知着的主体的同一性——由于这同一性（而且是不可避免的），"我"这一词就包含了和标示着这两者——是那世界之结并因此是不可解释的。这是因为只有客体与客体之间的关系是我们可以把握的，但在这些客体中，两个客体，只有是在一个整体的部分的情况下，才能够成为一体。但在此谈论的是主体，适用于认知客体的规则在这里就不再适用了，认知者与被认知为意欲者，亦即主体与客体，其一种真正的同一性，是直接给予的。谁要是确实想象到这种同一性的无法解释之处，就会与我一道将之名为"典型的奇迹"。

正如第一类表象的主体对应物是理解力，第二类表象的主体对应物是理性，第三类表象的主体对应物是纯粹的感官感觉性，那么，我们发现那第四类表象的主体对应物就是内在的感觉，或说自我的意识。

§43　意欲活动　动因法则

正因为意欲活动的主体是直接给予对自我的意识，所以就无法更进一步定义或者描述意欲活动是什么；更准确地说，那是我们所有认知中最直接的认知，事实上，这认知，其直接性最终必须帮助我们明白所有其他的认知，因为其他的认知是非常间接的。

　　　对于每一所感知到的、无论是别人的还是我们自己做出的决定，我们都认为有理由询问个"为什么？"也就是说，我们假定了这决定之前必然发生了某些事情，而这决定也就由此而出，而这事情我们就称为现在这随之发生的行为的根据，或更精确地说，动因。没有这样一个动因的话，要做出那一决定对我们是不可想象的，正如一样没有生命的物体在没有被碰撞或者被拖拉的情况下，要活动起来是不可想象的一样。因此，动因属于原因，也已在§20作为因果性的第三种形式列举和描述在这原因之下。不过，那整个的因果性就只是在第一类客体中的根据律的形式，因而是在外在直观中所给予的物体世界之中。在那物体世界中，因果性就是连结变化与变化之间的纽带，因为原因是每一事件的从外在添加的条件。但这些事件的内在本质对我们来说仍然是一个神秘之谜，因为在那方面，我们始终只是在外围。在这方面，我们肯定是看到了这些原因以必然性引起了那些结果，但这到底是如何做到的，亦即在这里面究竟发生了什么，我们是不知道的。尽管我们看见机械力学的、物理的、化学的作用结果，以及刺激的结果，每次都紧随其各自的原因而产生出来，但我们并不因此就完全彻底明白这所发生的情形，相反，这过程中最关键的事情对我们却始终就是一个谜。然后，我们就把它归于物体的特性、自然力，甚至生命力。而这些却纯属"隐密的性质"。我们对动物和人的活动与行为的理解也好不到哪里，我们也会看到这些活动和行为是以某一无法解释的方式由其原因（动因）所引起的——假如我们不是在此对这些事情的内在有了解的话。也就是说，我们通过我们自身的内在经验知道：那是一个意欲行为，是通过一个单纯表象组成的动因所引起的。 因此，对动因的作用，我们不仅像对其他别的原因那样从外在和因此是间接地认识到，而且还在同一时间，从内在、完全直接地和因此是根据其整个作用方式来加以认识。 在此，我们就像站在舞台的背后和亲身经历那各种的秘密：亲身体验到原因是如何根据其最内在的本质而造成作用结果，因为在此，我们是以一种完全另外的途径、因此是完全另外的方式去认识的。 由此就产生了这一重要的命题：动因是从内在所看到的因果关系。 这因果关系因此在这里以完全另外的方式、以完全另外的一种媒介向完全另外的一种认知方式表现出来，因此，那就要作为我们的定律的一种特别的和独有的形式呈现出来，这定律据此在这里就表现为行为的充足根据律，一句话，表现为动因的法则。

要对我的哲学做另外的定位的话，我在此就补充这一点：这对于主体的第四类客体，亦即在我们自身所感知到的意欲，与第一类客体的关系，就如同动因法则与在上文 §20 所提出的因果性关系法则的关系。这一深刻认识是我的整个形而上学的基石。

有关动因的作用方式和必然性，那是以经验的个体性格为条件，一如也以个体的认知能力为条件，等等——我建议大家阅读我的获奖应征论文《论意欲的自由》。 在这篇论文里，所有这一切都得到了详尽的论述。

§44　意欲对认知的影响

　　意欲对认知所发挥的作用，并不有赖于真正的因果关系，而是有赖于在§42探讨的认知主体与意欲主体的同一性，因为意欲迫使认知重复呈现曾经呈现给认知的表象，将注意力朝向这个或者那个对象物和唤起某一连串的主观任意的念头。 在此，意欲也受到动因法则的限定，意欲依据这法则也是那所谓的联想的秘密指挥者。 这我在《作为意欲和表象的世界》第2卷专门一章（§14）讨论过了，而这联想本身不是别的，正是根据律的第四种形式应用在主体的思想走向方面，亦即应用于出现在意识中的表象。 但个体的意欲却是将整个传动装置置于活动状态的东西，因为意欲依照个体的兴趣，亦即依照那人的个人目标，驱使那人的智力弄来与那些兴趣和个人目标在逻辑上或者类比上的，或者通过空间上的，或者时间上的相邻而变得密切相关的表象，让其成为这人现在的表象。 意欲在这里的活动却是如此直接，以致并不会进入到清晰的意识里面；是如此的迅捷，以致我们有时甚至无法意识到唤起这样一个表象的起因，情形看上去就好像某样东西在没有与其他东西产生任何关联的情况下进入我们的意识。 但这种事情是不可能发生的，这恰恰就是，正如上面已经说过的，充足根据律的根子，而这在上述我的主要著作的那一章已经详细探讨过了。 在我们的想象中突然出现的每一幅图像，每一个并不遵循在这之前的根据的判断，都必然是由某一个意

166

欲行动所呼唤出来的，而这意欲行动是有着某一个动因的，尽管那动因因为是微小的，那意欲行动因为其实现是那么的容易，以致那意欲与动因是同时存在的，所以就常常并没有被感知到。

§45 记忆

认知主体的这一特性——即在想起表象方面，这些表象越是已经经常呈现给意欲，亦即这方面的能力得到练习，它在这方面就愈加容易服从意欲——也就是记忆。对记忆的一般性描述，即记忆是一种容器，用以保存现成的表象储备，这些表象因而是我们始终具备的，只是不为我们所意识到而已——我是无法赞同的。随意重温曾经有过的表象，透过练习变得如此容易，以致只要一个系列的表象中的一环出现了，那我们就能马上唤起其余的表象，甚至常常是明显违反我们的意愿这样做。假如我们想要一个有关我们的表象功能的这一特性的比喻（正如柏拉图所给出的比喻，因为他将记忆比之于一个松软的、能够接收和保存印痕的团块），那在我看来，最确切的比喻就是一块布料：在被折叠以后，仿佛是自动地再度现出其常常被折叠的折痕。正如身体通过练习学会服从意欲，那表象功能也是同样如此。某一个回忆一点都不是像一般描述所认为的那样始终是那同样的表象，就好比是从其容器中再度拿出来，而是在每一次都确实产生出一个新的表象，只不过由于练习而特别的容易而已。因此就出现了这样的情况：我们以为在记忆中保存的幻

167

象，实际上是改变了的，只是由于经常性的练习而不被察觉而已；当我们经过长时间以后重又看见某一熟悉的旧物，而这一旧物与我们对其印象并不完全吻合，就会意识到这一点。假如我们保存的是相当完整的表象，那这种事情是不会发生的。正因此，所获得的知识，假如我们并不予以应用，就会逐渐从我们的记忆中消失，因为那些知识只是来自习惯和操作的训练结果；所以，例如，大多数的学者忘掉了他们的希腊语，回了国的艺术家忘掉了他们的意大利语。同样，由此可以解释为什么对我们以前熟识的、但却多年来没有想到过的一个名字、一句诗歌或者诸如此类的东西，我们要费力回想起它们；但一旦成功回想起来，那我们就再度对其有好几年的支配时间，因为现在，又恢复了训练。所以，谁要是懂得多种语言的话，就要不时地阅读这每一种语言的一些东西，以便保有我们所掌握的。

由此同样解释了为什么我们青少年时期的环境和事情会在记忆中留168 下如此深刻的印记，因为小孩子的我们就只有为数很少的、并且主要是直观的表象，因此，我们为了消遣而不停地重复这些表象。那些并没有什么能力进行自主思考的人，在其整个一生中都是这种情形（并且不仅是不停重复着直观表象，而且是不停重复着概念和字词），所以，这样的人有时候，亦即假如不是因思想迟钝和精神懈怠而受阻的话，会有某一很好的记忆。相比之下，思想天才有时候并没有突出的记忆力，正如卢梭自己所说的。这或许可以以此作出解释：对思想天才来说，那大量新颖的思想和组合并没有时间可作许多的重复，虽然很少发现思想天才有着差劲的记忆力，因为那全部思考力的更大的能量和活跃性在此弥补了持续的训练。我们也不要忘了记忆女神谟涅摩叙涅是缪斯的母亲。我们因此可以说：记忆受着两种彼此敌对的影响：一方面是表象功能的能量的影响，另一方面则是牵动着表象功能的众多表象的影响。为提供某一良好的记忆，第一个因素越小，那第二个因素也就要越小；而第二个因素越大，那第一个就要越大。由此可以解释为什么不停阅读小说的人，会因此失去记忆，因为对他们来说，就像对思想天才那样，大量的表象——这些表象在此并不是自己的思想和组合，而是陌生的、匆匆消逝的东西集合在一起——并没有留下时间和耐心去重复和练习，而思想天才对缺少练习的弥补，却是这些人所缺乏的。此外，那整桩事情还得到这样的校正：每一个人最能记住他感兴趣的东西，而对其他的东西，并没有多少记忆。因此，有些伟大的思想人物令人难以置信地很快就忘掉了日常生活中发生的小事情，以及他们所认识的无足轻重的人，而与此相反，那些头脑狭隘的人却了不起地 169
记得一切。尽管如此，那些伟大的思想人物对那些对他们而言是重要的事物和本身是卓越的东西，会有着某一很好的，甚至是惊人的记忆。

但总起来说，轻易就可看出：我们最能记住那些互相之间以一条或者多条上述一类根据与结果的纽带联系起来的连串表象；但那些并非互相之间连结起来、而只是根据动因法则与我们的意欲连结起来的表象，亦即受意欲支配而凑在一起的表象，则是更难记忆。也就是说，对于前者，我们先验就意识到的形式为我们免除了一半的辛劳，而这就像总起来说一切先验的认识那样，或许引发了柏拉图的这一理论：一切学习、记忆，就只是某种的回忆。

第八章　总述和结论

§46　系统性的顺序

我在提出我们的根据律的不同形式时所依照的次序，并不是系统性的次序，而只是为了清晰的缘故而选择这样安排，目的是先给出更为我们所知的和更少预设了其他东西的形式，所遵循的是亚里士多德的这一规则："在授课时，间或一开始并不就是那所教的东西的第一项或者开首，而是以我们最容易理解的东西开始。"（《形而上学》，4，1）但那根据的类别必须依照的系统性顺序，却是如下这种。首先，必须列出存在根据的定律，而且是首先应用在时间上的存在根据律，因为那是简单的模式，就只包含了充足根据律的所有其他形式的本质性东西，并的确就是一切有限性的原型。在列出了存在根据的定律以后，必须列出的是因果性在空间上的法则，紧随这之后的是动因的法则，而最终提出的就是认知的充足根据律，因为其他的根据律针对的是直接表象，但认知的充足根据律针对的是出自表象的表象。

在此说出的真理，即时间是简单的模式，就只包含了充足根据律的所有形式的本质性东西，解释了算术的完美清晰性和精确性；在这方面，任何其他的科学都无法与之相比。也就是说，所有的科学都是建

170

基于根据律，因为它们无一例外都是根据和结果的结合。 然而，数字排列就是存在根据和结果在时间上的简单的和唯一的排列；由于这完美的简单性——因为在时间旁边并没有东西，也不会在某一地方还有不确定的关系——在精确性、清晰性和可明确论证性方面再没有什么更多要求的了。 在这方面，所有其他的科学都逊色于算术，甚至几何学也是，因为从空间的三维产生出如此多的关系，以致对其概览，无论是对纯粹的直观还是对经验的直观而言，都太过困难，因此，几何学的复杂习题就只有通过计算来解决，几何学因而是迫不及待要化为算术的。 至于其他的科学包含了各种各样的阴暗成分，则不需要我去阐明了。

§47 根据与结果的时间关系

依照因果关系法则和动因法则，根据（原因）必须在时间方面是先于结果的。 这绝对是基本的，正如我在我的主要著作第 2 卷 §4 第 41 和 42 页（这一版本第 742 页及后面）所详细阐述了的。 我建议大家阅读，以免在此重复。 因此，我们就不会被诸如康德所引的例子（《纯粹理性批判》，第 1 版，第 202 页；第 5 版，第 248 页）误导——那例子就是火炉，那房间温暖的原因，是与其作用结果同时存在的——只要我们记住：并不是一样事物是另一样事物的原因，而是一种状态是另一种状态171 的原因；火炉的状态，即火炉具有比其周围的媒介更高的温度，必定是先于将火炉的剩余的热量传导给这房间；那么，因为每一加热了的气层让出位置给某一涌流进来的更冷的气层，那第一种状态，即原因，就得到了更新；而第二种状态，即结果，也是如此——只要火炉和房间并不具有同样的温度。 由此可见，在此并不会有在同一时间的一种持久的原因（火炉）和一种持久的作用结果（即房间温暖），而只有一条连串变化的链条，亦即两种状态的持续不断地更新，其中一种状态是另一种状态的结果。 由此例子也可看出：甚至康德对因果性也是概念不清楚的。

在另一方面，认知的充足根据律并不带有任何时间关系，而只带有一种对理性而言的关系，也就是说，之前和之后在此是没有意义的。

存在的根据律，只要是应用于几何学，就同样不存在时间关系，而只有空间关系，就这一点，我们可以说一切都是同一时间的——虽然在此，无论是同一时间还是连续相继，都是没有意义的。 相比之下，在算术那里，存在的根据不是别的，恰恰就是那时间关系本身。

§48　根据的互换性

充足根据律可以在其每一种含义上为假设性判断提出根据，正如每一个假设性判断最终都是以此根据律为基础，而假设性推论的法则在此是永远有效的，也就是说，从根据的存在推论出结果的存在，以及从结果的不存在推论出根据的不存在，那推论是正确的；但从根据的不存在推论出结果的不存在，以及从结果的存在推论出根据的存在，那推论则是不正确的。 然而，值得注意的是，在几何学却几乎无论在什么情况 ¹⁷²

下都可以从结果的存在推论出根据的存在，以及从根据的不存在推论出结果的不存在。 这是因为，正如我在§37所指出的，每一线条都规定了其他线条的位置，而不管我们是从哪里开始，亦即不管我们想将何处视为根据、何处视为结果，都是一样的。 我们通过检查全部的几何学定理，就可以确信这一点。 只有在所谈论的不仅是图形，亦即不是线的位置，而是除了图形以外，还谈论面积的时候，人们才在大多数情况下无法从结果的存在推论出根据的存在，或者，更准确地说，才无法互换那些命题和将受条件制约的东西变成条件。 这一命题就给出了这方面的一个例子：有着相同底边和相同高度的三角形，在面积上是相同的。 这并不可以颠倒为：假如三角形有相同的面积，那这些三角形在底边和高度上就是相同的。 这是因为高度可以与底边成反比的。

至于因果性法则并不允许互换，因为作用结果永远不能成为它们的原因的原因，因此，相互作用的概念，就其真正的意义而言，是不允许的——这在上面§20已经谈论过了。 依照认知的根据律，一种互换关系只有在可互换的概念中才可发生，只有这些概念的含义范围是互相覆盖的。 除此之外，互换性造成了循环论证。

§49 必然性

充足根据律及其所有的形式，是一切必然性的唯一本原和唯一载体。 这是因为必然性除了具有假如确定了根据和原因，结果就不可避免地随之出现的含义以外，并没有任何其他真正和清晰的含义。 据此，每一种必然性都是有条件的；绝对的必然性，亦即不带条件的必然性因而是一个自相矛盾的说法。 这是因为成为必然的，意思不是别的，永远就只是从某一既定的原因引出结果。 假如人们想要将必然性定义为"不会不存在的东西"，那人们就只是给出了单纯的语词解释，是躲在了一个极其抽象的概念背后，以避免对事情作出解释。 但我们可以马上提出这样的问题，将其驱赶出来：某样东西不会不存在又怎么可能或说怎么可以想象呢，因为所有的存在就只是经验给予的？ 因为事情是这样的：只有假定了或者有了某一根据，才有可能从这根据推论出某样东西的存在。 所以，必然性，与由一个既定根据和原因得出结论和结果，是可交换的概念，这样的概念在任何情况下都能够彼此代替。 那受假冒哲学家喜爱的"绝对必然的本质"，因此就包含了矛盾：通过那属性"绝对"（亦即"并不依赖于任何东西"），这就取消了个中的规定，而唯有经由这一规定，"必然的"才可以想象和才具有了意义。我们在此又有了一个滥用抽象概念以进行形而上学的欺骗的例子，正如我对类似的"非物质性的实体""绝对的根据""总起来看的原因"等概念所证明了的。 这一点，是我怎么重复都不为过的：所有的抽象概念都要受控于直观。

就有了一种与根据律四种形式相符的四个方面的必然性。
(1)依照认知根据律的逻辑必然性：由于这种必然性，假如我们承认了具体的前提，那就不可避免要承认其结论。 (2)依照因果性法则的物质自然的必然性：由于这种必然性，一旦出现了原因，作用效果就不可避免地发生。（3）依照存在根据律的数学的必然性：由于这种必然性，真正几何学定理所表明的每一种关系就都像那定理所说的，每一正确的计算都是无可辩驳的。（4）道德伦理（精神心理）的必然性：由于这种必然

174 性，每一个人，甚至每一只动物，在动因出现了以后，行为就必然发生，而这行为是唯独与那人或动物的与生俱来的和不变的性格相符的，并因此是不可避免地随之发生，就像结果紧随一个原因而出现一样，虽然这些行为并不像每一其他的结果那样轻易地预先就可说出来，因为探究和彻底了解个体的验知性格和为此性格所附加的认知范围是困难的，研究这些与了解一种中性盐并因此预先说出其反应，是不同的两件事。我会不厌其烦地反复强调这一点，因为无知者和愚笨者将如此之多伟大思想者异口同声的教诲视为无物，仍然为了他们的妇人哲学而放肆地声称相反的东西。我可不是哲学教授，并不需要向他人的愚钝点头哈腰。

§50 根据和结果的系列

根据因果性法则，条件永远是同样又受限于条件的，而且是以同样的方式。因此，产生了就"之前"的一个无休止的系列。在空间的存在根据也是同样如此：每一个相对的空间就是一个图形，有其边界，这让其与另一个空间搭上关联，同样作为条件限定着另一空间的图形，并就这样向各个维度无限地展开。但假如我们考察某一单个的图形本

身，那存在根据的系列就到了终点，因为我们是从某一给出的关系出发，就正如假如我们任意地在某一原因那里停留下来，那一系列的原因就有了终点。 在时间上，存在根据的系列无论是从"之前"还是在"之后"，都有着无限的延伸，因为每一个瞬间都是以之前的瞬间为条件的，并且必然地引致接下来的瞬间，时间因而是既没有开始也没有结束的。 相比之下，认知根据的系列，亦即判断的系列——其中的每一个判断都给予了另一个判断逻辑性的真理——却总是在某处终结，亦即终结在要么是某一经验的或者超验的真理，要么是终结在超逻辑的真理。假如人们所达到的最高命题的根据是这第一种，亦即经验的真理，假如人们继续要问为什么，那人们现在所要询问的就不再是认知根据，而是一个原因，亦即认知根据的系列转移到了变易（形成）根据的系列。 但假如人们反过来，亦即让变易的根据系列转移到了认知的根据系列——以便能够找到一个终点——那这就永远不是由事情的本质所导致，而是由特别的目的，亦即某一妙主意所致，而且那是人们所知悉的在本体论证明名下的诡辩。 也就是说，在人们通过本体论的证明达致了一个原因，人们想就此停下来，以便将这原因当作是首要的原因——这时候，因果性的法则却是无法停止下来的，而是会继续提问"为什么"；这样，人们就秘密地把这弄到一边去，将从远处看上去相似的认知根据律作代替，因而并没有给予所要求的原因，而是给出了一个认知根据，而这认知根据是从那要被证明的、其实在性仍还有疑问的概念本身得来的，这认知根据因为终究是一个根据，所以，在这种情况下，就必须扮演原因的角色。 当然，人们从一开始就准备好那一概念以应付这一目的，因为人们或许为了好看一些，仍将现实缠上一些外衣，就放置在这里面，因而是预先准备好了现在在这里面发现它的惊喜，一如我们早在上面§7所更详细说明了的。 相比之下，假如判断的链条最终是基于一个具超验的或者超逻辑的真理的命题，而我们又继续提问为什么，那就不会得到对此的任何答案，因为那种提问没有任何的意义，亦即这提问者并不知道所要求的是什么样的根据。 这是因为根据律是一切解释的本原，解释一样事情或事物，就意味着将其所给出的存在或说联系，溯源至根据律的任何某一形式——这事情或事物就以符合这根据律形式的方式成为了它现在这样子。 据此，根据律本身，亦即根据律以任何某一形式所表达、所表现出的联系，是无法得到更进一步解释的，因为并没有任何本原去解释一切解释的本原，或者，就正如眼睛看见一切，但却看不见自身。 虽然动因有其系列，因为要达到某一个目的的决心，会成为采取一整个系列手段的决心的动因，但这系列的手段永远会终止于往前溯的、动因所在的那两类表象中的一个表象——当初就是这动因有能力将个体意欲活动了起来。 至于这动因能够这样做，可以帮助认识在此给予的验知性格，但为什么这一性格会受到这一动因的驱动，却是无法回答的，因为悟知性格是在时间之外的，永远不会成为客体。如此这般的一系列动因因而就终止于如此这般的一个动因，并根据其最终的一环是一个真实的客体，抑或一个单纯的概念而转化为一系列的原因或者一系列的认知根据。

176

§51 每一门科学都有根据律的某一形式作为其主要的引线和指南

因为提出"为什么"，其想要的始终是一个充足的根据，而依照充足根据律而联系起来的知识，是与单纯集合起来的知识有所区别的，所以，我在§4就说了："为什么"就是科学之母。此外，我们也发现，在这每一门科学中，我们发现根据律的其中一种形态尤其成了其引线和指南。所以，在纯粹数学中，存在根据就是主要的引线（尽管在证明中的描述，只是以认知根据进行）；在应用数学中，因果性法则也在同一时间出现了；而因果性法则在物理学、化学、地理学等则占据了统治的地位。认知的根据律在所有的科学中得到了有力的应用，因为在所有的科学中，都是从普遍中认识特殊。但认知的根据律在植物学、动物学和其他的分类科学中，却是主要的引线和几乎是唯一占主导地位的。动因法则——假如人们将所有的动因和行动准则（无论这些是什么），视为所给出的、人们用以解释行为的东西——就是历史学、政治学、实际心理学等首要引线；但假如人们将动因和行动准则本身，依照其价值和起源，当作是探究的对象，那动因法则就是伦理学的引线。人们会在在我的主要著作第 2 卷§12 中发现依照这一原则对科学做出的最高分类。

177

§52 两个主要结论

我在这篇论文中力求展示：充足根据律是对四种相当不一样的关系的一种共同表达，这其中的每一种关系是以一种特别的和先验给予的（因为充足根据律是一种综合的先验规律）法则为基础；对这四种依照差异性原则而发现的法则，必须依照同质性的原则作出这一假定：正如它们都同时用上一个共同的用语，那它们也就是出自我们整个认知功能的一种同样的原初特性，而这就是它们的共同根子，这因此可被视为我们意识中的客体的所有依赖性、相对性、不定性和有限性的最内在种子，而我们的意识是囿于感官、理解力、理性、主体和客体的；或者，可被视为这样的世界的最内在种子：这样的世界被高贵的柏拉图多次贬低为"永远只是形成和消逝，但其实从来不是存在的"，对其认识就只是"一种借助于缺乏理性的感知的觉得和认为"；这样的世界，基督教以准确的意思称为尘世，所依照的那种根据律形态，是我在§46形容为最简单的模式和一切有限性的原型。 总的来说，根据律的普遍意义可以归纳为：无论何时和何地，每一样东西仅仅只是由于另一样东西而存在。 可是，这根据律及其所有的形式是先验的，因而是根植于我们的智力的，因此，根据律并不可以应用于所有存在事物的整体、这一世界，包括这世界所展现在其中的这智力。 这是因为一个如此这般的、借助于先验形式而表现出来的世界，就恰恰因此而只是现象，所以，那只是由于这些形式而适用于这现象的东西，并不可以应用在这世界本身，亦即并不可以应用于表现在这世界的自在之物。所以，我们不可以说，"这世界以及这世界的所有事物是因为另外的一个原因而存在"，而这命题恰恰就是宇宙学的证明。

假如我成功通过这篇论文推论出以上所说的结果，那么，我认为，每一个哲学家，如果在其思辨中，以充足根据律为基础而造出一个结论的话，或者就只是说起某一根据，那就要求他：必须确定他说的是什么样的根据。我们可以相信：每当谈论到一个根据就自动作出这要求的话，那任何的混淆不清就不可能发生。不过，却有太多的例子，一是根据与原因的用语相混淆和被无差别地应用，二是泛泛地谈论起一个根据和有其根据的东西、原则和由原则所奠定的东西、条件和受条件制约的东西，而不对此给予详细的定义，或许正是因为人们私下里意识到并没有正当的理由应用这些概念。所以，甚至康德也将自在之物说成是现象的根据。于是，他谈到（《纯粹理性批判》第 5 版，第 590 页）一切现象的可能性的一个根据；谈到一个悟知根据；谈到总体的感官系列可能性的一个未知的根据；谈到作为现象基础的一个超验客体和为什么我们的感官性有这种条件，而不是有所有其他的最高条件的根据（同上书，第 641 页）；以及在多处地方的类似说法。所有这些在我看来都与这些关键性的、含义深刻的、并且是不朽的字词并不匹配的（同上书，第 591 页）："事物的偶然性[1]本

179

---

[1] 这指的是经验中的偶然性，康德所说的意思，就跟不依赖于其他的事物差不多。关于这一点，我建议大家阅读我对此的批评，我的《康德哲学批判》第 524 页（这一版本第 603 页及后面）。

身只是现象，并不能够引向任何其他的回归——除了那规定了现象的、以经验为依据的回归。"

至于自康德以来，根据与结果、原则与由原则所奠定的东西等概念，应用于不确定得多的和完全是超验的意义，则是每一个了解近代的哲学著作的人都知道的。

下面是我对"根据"（Grund）一词和连带对充足根据律的这种不确定含义的应用的反对意见，与此同时，这也是这一篇论文就其主题所给出的、与第一个结论精确连在一起的第二个结论。尽管我们认知功能的四种法则——充足根据律就是其共同的表达用语——表现为由一种同样的原初性质和认知功能的内在特性所确定（而那认知功能显现为感觉性、理解力和理性），以致假如我们幻想还产生出一种新的、第五类的客体，那同样我们就要假定：充足根据律也会在这类客体中以一种新的形式出现——尽管如此，我们仍然不可以说起一种绝对的根据，也不会有一种总起来说的根据，正如并没有一种总起来说的三角形一样，除非那是在一种抽象的、通过思辨思维而获得的概念之中，而这概念作为表象中的表象，不过就是一以代千的思维手段。正如每一个三角形必然是锐角的、直角的或者钝角的，等边的、等腰的或者不等边的，那每一个根据（因为我们只有四类分开的客体），就必然属于这所说的四类可能的根据中的一类，并因此适用于我们的认知功能中所说的四类可能的客体类别中的一类；这四种可能的客体类别，以及那功能，亦即那整个世界，那功能的运用，因而是早就被预先假定了的，并且就停留在这方

180

面；但超出了这方面，或者，超出了一切客体之外，这些根据却是不适用的。 假如有人对此有其他的想法，以为根据并不只是从四类根据中抽取出来的、表达了这四类根据的共同特性的概念，而是某些其他别的东西，那我们就会翻新唯实论者与唯名论者的争拗。 而在现在这情形里，我就不得不站在唯名论者一边了。

图书在版编目(CIP)数据

论充足根据律的四重根 ：一篇哲学论文 ／（德）阿
图尔·叔本华（Arthur Schopenhaur）著 ；韦启昌译.
上海 ：上海人民出版社，2025. -- ISBN 978-7-208
-19551-6

Ⅰ. B516.41

中国国家版本馆 CIP 数据核字第 2025FP4384 号

责任编辑　　王笑潇　　任俊萍
封面设计　　陈　楠

论充足根据律的四重根
——一篇哲学论文

[德]阿图尔·叔本华 著　韦启昌 译

出　　版　上海人民出版社
　　　　　（201101　上海市闵行区号景路 159 弄 C 座）
发　　行　上海人民出版社发行中心
印　　刷　苏州工业园区美柯乐制版印务有限责任公司
开　　本　635×965　1/16
印　　张　13
插　　页　5
字　　数　131,000
版　　次　2025 年 7 月第 1 版
印　　次　2025 年 7 月第 1 次印刷
ISBN 978 - 7 - 208 - 19551 - 6/B · 1846
定　　价　68.00 元

Authur Schopenhauer
Über Die Vierfache Wurzel Des Satzes
Vom Zureichenden Grunde
根据 Insel 出版社，1920 年，莱比锡翻译